333 idées pour...

Éduquer au développement durable (EDD)

Tous cycles

Franck Douët

Lea.fr Nathan

L'auteur remercie
Sylvia Bauge, conseillère pédagogique en éducation artistique et culturelle dans le Morbihan
Catherine Bernier, enseignante en classe Ulis à l'école Les rives du Loch à Auray
Guillaume Caudal, enseignant à l'école Tabarly à Saint-Pierre Quiberon
Jean-Marc Hallier, formateur d'EPS à l'INSPÉ de Bretagne
Dominique Lagraula, formatrice Sciences et Technologie à l'INSPÉ de Paris
Anne-Lise Pitard, conseillère pédagogique dans la circonscription d'Auray
Sophie Le Port, directrice de l'école des Deux Rivières à Crac'h
Sabrina Toux, directrice de l'école Per Jakez Hélias à Belz

À ma femme et mes enfants

**« La Nature est un temple où de vivants piliers
Laissent parfois sortir de confuses paroles ;
L'homme y passe à travers des forêts de symboles
Qui l'observent avec des regards familiers. »**

Charles Baudelaire,
Les Fleurs du Mal

« Si je diffère de toi, loin de te léser, je t'augmente. »

Antoine de Saint-Exupéry,
Lettre à un otage

« Cette évidence, tous nos réflexes la nient. Notre besoin superficiel de confort intellectuel nous pousse à tout ramener à des types et à juger selon la conformité aux types ; mais la richesse est dans la différence. »

Albert Jacquard,
Éloge de la différence. La génétique et les hommes

Direction éditoriale : Pascaline Citron
Édition : Caroline Tran-Dac, Stephanie Dizel-Doumenge
Couverture : Nicolas Piroux
Illustration de couverture et intérieur : Christophe Besse
Illustration : Claire Thibon
Conception maquette et mise en page : Nicolas Piroux

ISBN : 978-209-500162-9
Code éditeur : 168947
ISSN : 2649-1052

Sommaire

Introduction

Une école en démarche de développement durable

Le **plaisir** d'observer la nature, de créer et d'agir avec les autres pour apprendre est le moteur d'une autre éducation. Cet ouvrage cherche à donner des idées aux enseignant.e.s et aux éducateurs.rice.s pour mettre en œuvre **des projets EDD** dans leur classe, leur école, leur quartier ou leur commune en s'appuyant sur l'engagement des élèves du cycle 1 au cycle 4. Il s'agit bien d'une éducation pour **comprendre et agir** sur le monde qui nous entoure à partir des programmes de l'école en s'inscrivant dans une **démarche** de développement durable.

L'ouvrage « 333 idées pour l'EDD » s'appuie sur plusieurs approches de l'éducation au développement durable :

- Une approche **sensible** pour ressentir : les sens, les émotions, la création, l'imagination… avec, par exemple, le land art ou les ateliers d'écritures poétiques.
- Une approche **cognitive** pour s'interroger et comprendre car on protège mieux ce que l'on connait… par exemple, observer, reconnaitre et classer les animaux autour de l'école (insectes, oiseaux…).
- Une approche par la **résolution de problèmes de développement durable** à l'école pour s'engager, agir et partager… par exemple, végétaliser la cour d'école ou créer un jardin.

À partir du concret du monde qui nous entoure, les élèves observent, s'interrogent, argumentent, imaginent et cherchent des solutions en coopérant. L'éducation au développement durable est bien une éducation à la complexité qui ne se limite pas seulement à une éducation à l'environnement mais à plusieurs thématiques qui sont détaillées dans les 17 objectifs de développement durable (ODD).

Commençons par quelques constats :

Un nouveau rapport à la nature

Notre société évolue et le temps passé devant les écrans augmente. Selon une enquête de 2016 de l'Institut de veille sanitaire, en France, quatre enfants sur dix ne jouent jamais dehors pendant la semaine. Cette « **extinction de l'expérience de nature** » n'est pas sans conséquence sur leur santé physique et psychologique. On observe le même constat dans d'autres pays :

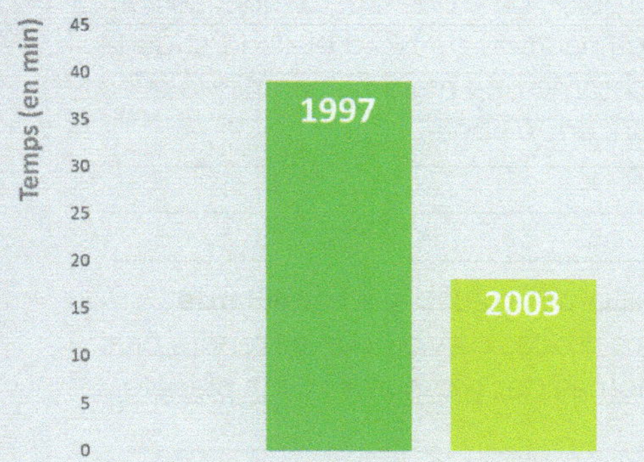

Etude américaine sur le temps passé dehors par des enfants de 9 à 12 ans (Sandra L. Hofferth).

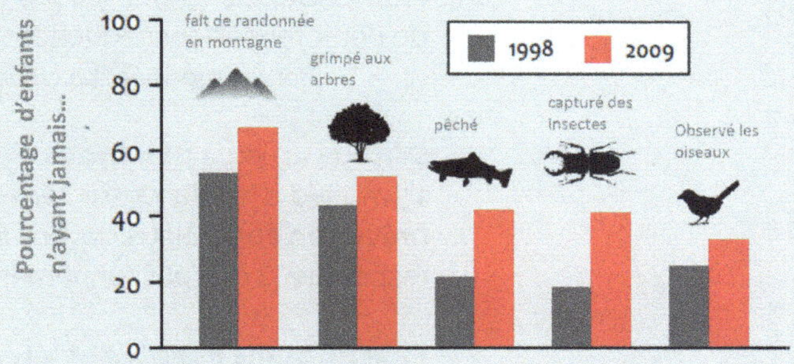

Etude japonaise sur les activités jamais réalisé par des enfants (National Institution for Youth Education).

Source : https://cache.media.education.gouv.fr/file/Sciences/34/8/Presentation_VNE_emilie_831348.pdf

Aujourd'hui, les enfants vivent dans des espaces contraints, souvent devant des écrans et le temps passé dehors n'existe presque plus ! Ils/Elles ne font plus l'expérience de jouer dans la vase ou la boue, de prendre des risques en grimpant dans un arbre, de jouer à cache-cache dans une forêt, de construire des cabanes… Des chercheurs et des chercheuses s'interrogent aussi sur l'augmentation du nombre d'enfants myopes et font le lien avec le manque d'exposition à la lumière du soleil.

La pauvreté des enfants en France

Un enfant sur cinq vit sous le seuil de pauvreté en France, soit près de 3 millions d'enfants en situation de pauvreté. Le taux de pauvreté des enfants est de 20 %, ce qui est nettement supérieur à celui de l'ensemble de la population qui oscille autour des 14 %. Malgré les politiques publiques déployées depuis plusieurs années, ce chiffre n'a pas baissé depuis 10 ans.

Autrefois, les personnes pauvres étaient souvent âgées, issues d'une famille nombreuse et en zone rurale. Aujourd'hui, le profil est différent : les personnes pauvres sont de plus en plus souvent des femmes, jeunes, issues d'une famille monoparentale, vivant en zone urbaine et rencontrant des difficultés pour s'insérer sur le marché du travail. La France compte aussi des « travailleurs et travailleuses pauvres », des gens qui ne gagnent pas assez d'argent pour payer leur loyer ou pour acheter ce dont ils ont besoin. Parfois donc, le fait de travailler ne suffit pas à sortir de la misère[1].

14 personnes sur 100 sont pauvres en France

En France, on dit que quelqu'un est pauvre quand il doit vivre avec moins de 1 026 euros par mois. 1 026 euros, c'est ce que l'on appelle le seuil de pauvreté. Dans

1 Source modifiée : https://www.unicef.fr/dossier/enfants-pauvres

notre pays, 14 personnes sur 100 vivent sous ce seuil.
Parmi eux, beaucoup de jeunes : 1 jeune de moins de 18 ans sur 5 a des problèmes pour se loger, pour se soigner ou pour bien manger. Ces adolescents ont souvent plus de mal que les autres à suivre en cours, au collège ou au lycée. Chez les adultes, les plus touchés sont les parents qui élèvent seuls leurs enfants. Surtout les femmes[2].

Obésité et difficultés de santé

Un quart des enfants sont en situation de surpoids ou d'obésité. Ce sont surtout des garçons issus de catégories populaires et inactives du Nord et de l'Est de la France. Depuis 1997, l'obésité est reconnue comme une maladie chronique avec de nombreuses conséquences médicales : cancers, diabète...

Source modifiée : La Ligue contre l'obésité

De plus en plus nombreux et nombreuses

1,5 milliard d'habitants sur Terre en 1900, 7,7 milliards en 2020, **9 à 10 milliards prévus en 2050**. Nous devons faire évoluer nos modes de vie pour les rendre plus respectueux de l'environnement et plus économes des ressources de la planète.

Plus de biens achetés et jetés... de plus en plus de déchets

Nous possédons de plus en plus d'objets. De nouvelles technologies apparaissent et nous voulons en profiter : ordinateurs, téléphones portables, jeux vidéo... Ces nouveaux besoins ne sont pas sans conséquence : la fabrication et l'utilisation de cette multitude d'objets nécessitent des matières premières et consomment beaucoup d'énergie. Nous jetons et remplaçons certains produits trop rapidement.

Plus d'énergie consommée

En 50 ans, la population mondiale a été multipliée par 2,5, mais la consommation d'énergie par 5 ! Nous consommons de plus en plus d'énergie pour nous déplacer, fabriquer et transporter ce que nous achetons, améliorer notre confort... Cette surconsommation énergétique est surtout le fait des pays riches et industrialisés.

Des émissions de gaz à effet de serre et des perturbations climatiques

Brûler du gaz, du pétrole ou du charbon nous fournit de l'énergie, mais émet dans le même temps des polluants dans l'air que nous respirons : du dioxyde de carbone (CO_2) et d'autres gaz à effet de serre. Le déboisement, l'élevage, l'agriculture, l'industrie participent aussi à l'augmentation de la quantité de ces gaz dans l'atmosphère. La responsabilité
humaine dans l'augmentation de ces gaz dans l'atmosphère est démontrée.
Les gaz à effet de serre retiennent le rayonnement infrarouge du soleil. Si leur quantité augmente, cela entraine un réchauffement global de la Terre et provoque des changements climatiques. On peut déjà en observer les conséquences : canicules, sécheresses, tempêtes, fortes pluies plus fréquentes...

Des ressources naturelles qui s'épuisent

Les énergies fossiles sont faciles à utiliser, mais elles ne sont pas renouvelables. Elles seront vraisemblablement épuisées dans la seconde moitié du XXIe siècle.
Les matières premières non renouvelables qui entrent dans la fabrication de nos biens de consommation vont également s'épuiser. Des matières premières renouvelables, comme les végétaux, pourront en remplacer certaines, mais pas

2 Source : https://www.lumni.fr/video/qu-est-ce-qu-etre-pauvre-en-france-aujourd-hui

toutes, et à condition que nous ayons une gestion raisonnée de ces **ressources renouvelables**.

Un environnement mal en point… Vers la sixième crise biologique !

La surexploitation des ressources, la déforestation, les pollutions et l'accumulation de déchets ont des impacts négatifs sur l'environnement. Les milieux naturels sont perturbés et s'appauvrissent. La surface naturelle sauvage disponible diminue, car la population augmente avec un besoin plus grand de place pour s'installer et mener ses activités.

La qualité de l'eau, de l'air, des sols se dégrade, la biodiversité diminue… **de nombreuses espèces disparaissent** alors que des espèces exotiques deviennent envahissantes.

Des inégalités, des tensions

Les énergies fossiles sont réparties inégalement à la surface de la Terre. Ainsi, les 2/3 des gisements de pétrole connus se trouvent au Moyen-Orient, les 2/3 des ressources en gaz sont concentrés au Moyen-Orient et en Russie.

Cette situation rend les autres pays utilisateurs dépendants des pays fournisseurs. Le contrôle de ces ressources et de leurs infrastructures de transport est source de conflits et de tensions[3].

L'accès à d'autres ressources (comme l'eau), le déplacement des populations contraintes de quitter leurs territoires par les sécheresses, les inondations, la montée des eaux marines peuvent aussi provoquer des tensions.

> « Quand le dernier arbre aura été abattu ;
> Quand la dernière rivière aura été empoisonnée ;
> Quand le dernier poisson aura été pêché ;
> Alors on saura que l'argent ne se mange pas. »
>
> Geronimo (1829-1909)

1. Qu'est-ce que le développement durable ?

En **1987**, le développement durable a été défini dans le **Rapport Brundtland** comme « un développement qui répond aux besoins du présent sans compromettre la capacité des générations futures à répondre aux leurs[4] ».

En 1992, le Sommet de la Terre à Rio, tenu sous l'égide des Nations Unies, officialise la notion de développement durable et celle des trois piliers (économie/écologie/social) :

- Le pilier **social**, qui comporte un aspect vivable et équitable
- Le pilier **environnemental**, qui comporte un aspect vivable et viable
- Le pilier **économique**, qui comporte un aspect viable et équitable

---

3 Source des constats d'après https://eduscol.education.fr/document/33464/download?attachment

4 https://www.insee.fr/fr/metadonnees/definition/c1644

Schéma du développement durable[5]

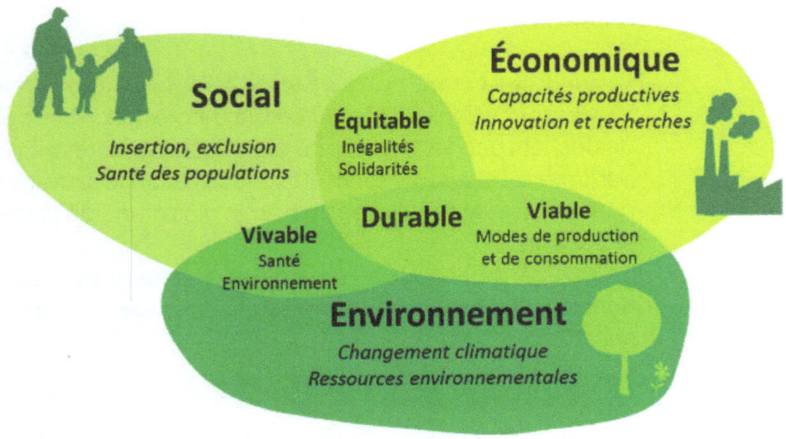

2. Quelle éducation au développement durable à l'école ?

Le développement durable est impossible sans éducation. L'école s'engage dans la dynamique des objectifs de développement durable définis par l'**ONU** en 2015 dans le cadre de l'**agenda 2030**. La circulaire du 30 juillet 2020 présente ainsi les programmes modifiés des cycles 1, 2, 3 et 4 avec un renforcement des enseignements relatifs au **changement climatique, à la biodiversité et au développement durable**. Les nouveaux programmes de l'école mettent en avant l'éducation au développement durable (EDD) dans toutes les disciplines car l'EDD n'est pas une matière comme le français ou les mathématiques. **C'est une éducation transversale**. Ce n'est donc pas seulement une éducation **scientifique** mais aussi **artistique** (EAC), **géographique, physique et sportive** (EPS), **morale et civique** (EMC)...

Le français - Mobiliser le langage dans toutes ses dimensions

Plusieurs activités créent des liens entre l'EDD et le français :

- Il existe de nombreux sites qui recensent et sélectionnent les albums de jeunesse, les comptines et les poésies du cycle 1 au cycle 3.
- La lecture de textes documentaires comme ceux issus de la revue *Eco Junior* (cycle 3)[6].
- L'oral, les échanges et les débats pour communiquer, raconter, argumenter, décrire, évoquer, expliquer ou questionner.
- L'enseignement du lexique de la maternelle au cycle 3
- Écrire des comptes rendus, des poèmes, des histoires, des affiches...

Les mathématiques – Construire les premiers outils pour structurer sa pensée

M@th en-vie[7] est une méthode qui s'appuie sur la photographie du quotidien des élèves dès la maternelle pour résoudre des problèmes mathématiques. Sur le site dédié, des pistes d'activités sont proposées, notamment des « sorties mathématiques ». Une façon de faire de l'interdisciplinarité, d'aborder les

5 Source : https://ww2.ac-poitiers.fr/dsden79-pedagogie/spip.php?rubrique13
6 https://www.clubciteo.com/programmes-pedagogiques-edd/eco-junior/
7 200 photo-problèmes, cycle 2 – cycle 3 : https://www.mathsenvie.fr/

mathématiques, mais également l'EDD.
Cette activité est souvent citée et plébiscitée par ceux qui pratiquent « La classe dehors ». Pour en savoir plus : https://www.mathsenvie.fr/?p=1229
Les objectifs de M@th en-vie :

- Ancrer les mathématiques au réel afin d'améliorer la compréhension en résolution de problèmes.
- Développer la perception des élèves sur les objets mathématiques qui nous entourent afin de susciter des questionnements mathématiques.

Extrait du rallye M@th en-vie pour la Semaine des mathématiques 2021[8]

Léo et Julie doivent nettoyer les sabots de tous les poneys.
Combien y a-t-il de sabots ?

Trouve le plus de triangles possible.
Attention : il y en a plus que ce que tu crois !

Les arts, l'éducation artistique et culturelle (EAC)- Agir, s'exprimer, comprendre à travers les activités artistiques

Dans ce domaine aussi les ponts sont nombreux avec l'EDD :

- Les arts plastiques
- La photographie.
- L'écoute des sons de la nature comme celui des animaux, des oiseaux par exemple.
- La musique et le chant. Concevoir des instruments à partir d'éléments naturels.
- Les arts du spectacle vivant comme la danse permettant de développer aussi le bien-être (ODD n°3) ou l'égalité fille/garçon (ODD n°5).
- Le patrimoine et l'histoire : Protection et préservation du patrimoine culturel local.

Photographie d'une création land art en forêt par des élèves avec l'écomusée de Brec'h : une boule de vert !

L'éducation morale et civique (EMC)

La culture de **l'engagement** favorise l'action collective, la prise de responsabilités et l'initiative. Elle développe chez l'élève le sens de la responsabilité par rapport à lui-même ou à elle-même et par rapport aux autres, à la Nation et à l'environnement (climat, biodiversité, etc.).

8 https://www.mathsenvie.fr/wp-content/uploads/2021/04/200-Probl%C3%A8mes.pdf

Plusieurs activités de classe en lien avec l'EDD participent à l'éducation morale et civique : l'élection des éco-délégué.e.s, les débats lors de conseils des enfants, les débats philosophiques... mais c'est bien en s'engageant en classe dans **un projet EDD** que l'éducation morale et civique se développe complètement.
La mise en œuvre en classe se retrouve dans les débats philosophiques, les dilemmes moraux, les débats, les conseils des élèves...

L'Éducation physique et sportive (EPS) - Agir, s'exprimer, comprendre à travers l'activité physique

L'EPS permet d'atteindre plusieurs ODD :

- ODD n° 3 (bonne santé et bien-être) : Les activités physiques concourent à une éducation à la santé en conduisant tous les enfants, quelles que soient leurs « performances », à éprouver le plaisir du mouvement et de l'effort, à mieux connaitre leur corps pour le respecter. Elles visent également à développer la **coopération et les rapports constructifs** à l'autre, dans le respect des différences, et à **contribuer ainsi à la socialisation**.
- ODD n° 5 (égalité filles-garçons) : L'EPS permet aussi de **lutter contre les stéréotypes** et contribue à **la construction de l'égalité entre filles et garçons**.
- ODD n° 7 (énergies propres) : Les activités en lien avec le programme « **Savoir rouler à vélo** » participent à cet ODD.
- ODD n° 14 (vie aquatique) : les activités **voile et canoë-kayak** permettent aussi de mieux comprendre un nouvel environnement.
- ODD n° 15 (vie terrestre) : les courses d'orientation par exemple.

Les sciences et technologie – Explorer et questionner le monde du vivant, des objets et de la matière

Pratiquement toutes les compétences du programme en sciences et technologies renvoient à l'EDD : classification et biodiversité, le corps humain et la santé, le développement des animaux et des végétaux, la matière et la pollution de l'air ou de l'eau, l'énergie, les matériaux et les objets techniques (concevoir et fabriquer un lombricomposteur, nichoir, mangeoire à oiseaux, refuge à hérissons, serre, éolienne...).
Les séquences de classe s'appuient sur la **démarche d'investigation scientifique** (voir sur Lea.fr, le document « Grandes lignes de la démarche d'investigation scientifique »).
Le **questionnement** est le point de départ de la démarche d'investigation scientifique.
Vivre la démarche d'investigation scientifique en classe permet à l'élève de :

- s'enrichir de connaissances porteuses de sens ;
- développer une prise de recul sur la construction des savoirs et sur la formation de l'esprit critique, nécessaire pour distinguer les faits, des hypothèses, des opinions et des croyances.

La géographie - Explorer et questionner l'espace

De nombreuses compétences et activités renvoient à l'EDD.

Au cycle 1 :

Découvrir différents milieux, explorer l'espace de nature, repérer les différents espaces et les aménagements, réaliser des dessins, des photographies, des maquettes... S'intéresser à l'architecture du bâti du quotidien (la classe, la cour, l'école, le quartier) constitue également une possibilité concrète pour les élèves d'explorer l'espace. Les jeux, les imagiers ou les abécédaires permettent de mieux comprendre leur environnement[9].

---

9 https://eduscol.education.fr/2822/se-reperer-dans-le-temps-et-l-espace

Au cycle 2:

- Identifier et comprendre des interactions entre **modes de vie et environnement**: alimentation, habitat, vêtement ou déplacement.
- Découvrir le rôle joué par **certains acteurs** urbains ou du village (la municipalité, les habitants, les commerçants…) dans l'environnement, à partir d'un exemple lié au traitement des déchets, à la place de la nature en ville, aux déplacements ou à la qualité de l'air.
- **Comparer des paysages** d'aujourd'hui et du passé pour mettre en évidence quelques transformations.

Au cycle 3:

La nécessité de faire comprendre aux élèves l'impératif d'un développement durable et équitable de l'habitation humaine de la Terre et les enjeux liés structure l'enseignement de la géographie. Il introduit un **nouveau rapport au futur** permettant aux élèves d'apprendre à inscrire leur réflexion dans un temps long et à imaginer des alternatives à ce que l'on pense comme un futur inéluctable. C'est notamment l'occasion d'une sensibilisation à la **prospective territoriale** pour permettre aux élèves de mieux s'approprier les dynamiques des territoires et de réfléchir aux scénarios d'avenir possibles.

Tableau des thèmes de géographie au cycle 3

Thèmes de géographie au CM1	Thèmes de géographie CM2
Thème 1 : Découvrir le(s) lieu(x) où j'habite	Thème 1 : Se déplacer
Thème 2 : Se loger, travailler, se cultiver avec des loisirs en France	Thème 2 : communiquer d'un bout à l'autre du monde grâce à internet
Thème 3 : Consommer en France	Thème 3 : Mieux habiter

Ainsi, le thème 1 de CM1 (découvrir le(s) lieu (x) où j'habite) et le thème 3 de CM2 (Mieux habiter) s'inscrivent dans les objectifs de l'éducation au développement durable:

- Quelle est la place de la nature en ville comme en milieu rural?
- Le recyclage et l'économie circulaire
- Les écoquartiers

En Histoire

On peut s'intéresser, par exemple, aux grandes inventions ayant marqué l'histoire des transports. La Fondation la Main à la pâte propose un dossier complet sur les grandes inventions ayant marqué l'histoire des transports: https://fondation-lamap.org/projet/je-suis-ecomobile

Pour aller plus loin

- Un site gouvernemental dédié au développement durable à l'école: https://www.education.gouv.fr/le-developpement-durable-l-ecole-322901
- Il existe aussi un vadémécum qui clarifie les concepts fondateurs de l'EDD, synthétise l'ensemble du projet EDD de l'Éducation Nationale, identifie les ressources utiles et accompagne les enseignements et actions éducatives relatives au développement durable: https://cache.media.education.gouv.fr/file/Education_au_developpement_durable/66/5/Vademecum_EDD_1377665.pdf

3. Qu'est-ce qu'une École en Démarche de Développement Durable (E3D) ?

Les élèves sont au cœur de la démarche qui consiste à connaitre et comprendre les enjeux du développement durable pour pouvoir agir, à partir du quotidien de l'école. La démarche E3D contribue ainsi à la formation de citoyens et de citoyennes informé.e.s, critiques et engagé.e.s. C'est une démarche qui s'appuie sur quelques points essentiels :

- **Engager un nombre significatif d'élèves** du cycle 1 au cycle 3, notamment des éco-délégué.e.s.
- Identifier un(e) ou deux **enseignant.e.s référent.e.s dans l'école**.
- Réaliser un **diagnostic** en lien avec les 17 ODD et les programmes de l'école dans les différentes matières.
- Définir un **plan d'actions**, aussi bien dans la vie quotidienne de l'école que dans les enseignements avec différents projets tels des aménagements (mare, jardin, hôtels à insectes...), une ATE ou AME[10] (aire terrestre éducative et aire marine éducative), une classe environnement, faire classe dehors, faire des déplacements à vélo et organiser le tri des déchets...
- Réaliser des actions avec un ou plusieurs **partenaires**.
- Constituer un **comité de suivi** avec un ou plusieurs membre(s) de l'équipe enseignante, des élèves éco-délégué.e.s, des personnels non-enseignants, un.e représentant.e des parents d'élève et un.e représentant.e de la collectivité territoriale et des partenaires.
- **Communiquer**, valoriser et à mutualiser les travaux des élèves (exposition ouverte aux parents et à la commune, rédaction d'articles sur un espace numérique ou dans le journal de l'école).
- Faire un **bilan annuel** de la démarche.

S'inscrire dans une démarche de développement durable[11]

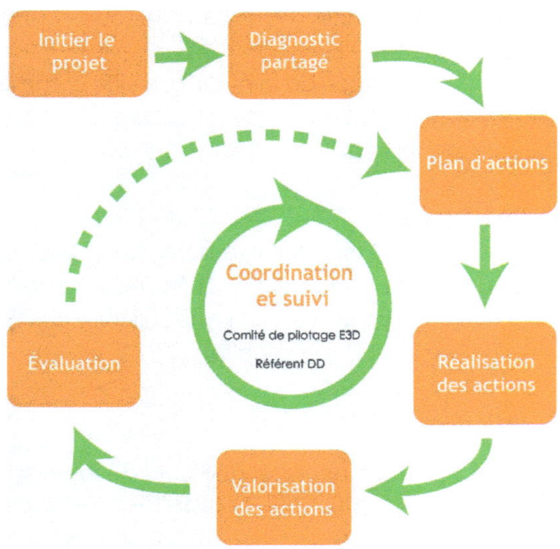

10 Voir page 76.
11 Extrait du site de l'académie de Versailles : https://edd.ac-versailles.fr/spip.php?article434

4. Comment mettre en œuvre des projets d'EDD à l'école ?

La pédagogie de projet permet de motiver les apprentissages scolaires. Le tableau qui suit est un outil qui peut servir de support de travail pour la mise en œuvre et la synthèse de chaque projet dans l'école. C'est un outil de recherche, de synthèse, de mémoire et de communication de chaque projet.

Titre du projet : **Thème :**	
Objectif principal	
Diagnostic Quels constats ?	
Quels sont les éléments déclencheurs du projet ?	
Plan d'actions Qui fait quoi ? - Quelles actions ? - Quels partenaires ? - Quelles démarches administratives ?	
Quand ? Échéancier	
Où ?	
Quel matériel ?	
Quel financement ?	
Valorisation des actions	
Quelle communication ?	
Bilan Quelle évaluation du projet ?	
Pour les élèves :	
Qu'est-ce que je vais apprendre ?	
Quel but ? Quel résultat final ?	
Qui fait quoi ? Quels rôles ?	

Sur Lea.fr, ce tableau est téléchargeable au format A4.

5. Que sont les labels E3D et Eco-Ecole ?

Le label E3D : La labellisation E3D est portée par le **ministère de l'Éducation nationale**. C'est un label délivré par l'académie pour une durée de **3 ans** qui reconnait et valorise les actions conduites dans votre école avec ses partenaires.
Il existe 3 niveaux de labellisation :
Niveau 1 : Engagement dans la démarche E3D
Niveau 2 : Approfondissement
Niveau 3 : Expertise et déploiement

Pour postuler à la labellisation, vous pouvez consulter le site EDD de votre académie et demander conseil à un conseiller pédagogique.

Le label Eco-Ecole[12] ou Eco-Collège est un autre label, différent et complémentaire du label E3D. C'est un label géré par l'association **Teragir**, soutenu par le ministère de l'Éducation nationale. Contrairement au label E3D qui évalue plusieurs ODD, le label Eco-Ecole **cible une thématique avec un projet d'un an** et des actions dans l'école.

Dans un premier temps, vous devez choisir une thématique parmi 8 thèmes[13] :

Dans un deuxième temps, à partir d'une méthodologie en 7 étapes, votre école s'engage pour un an autour d'un projet EDD :

- Monter une équipe pour piloter le projet.
- Enquêter sur son fonctionnement et ses pratiques.
- Imaginer des solutions et passer à l'action.
- Mesurer et valoriser ses résultats.
- Adopter le projet comme support pédagogique.
- Fédérer et s'ouvrir sur son territoire.
- S'engager avec créativité[14].

Des conseillers et conseillères Eco-Ecole vous accompagnent dans votre projet.

Toutes les informations sont disponibles sur le site Eco-Ecole avec notamment une boite à outils qui fournit de nombreuses ressources : https://www.eco-ecole.org

Eco-Ecole

6. Classes de découverte ou d'environnement (classes de neige, de mer, vertes, patrimoine…)

Les classes de découvertes constituent un cadre structuré et structurant pour mieux aborder la connaissance de l'environnement. En effet, l'approche sensorielle d'un milieu naturel, humain et culturel nouveau, l'étonnement et le dépaysement qu'il provoque sont autant d'occasions de comprendre et de communiquer. Les aspects transversaux des apprentissages constituent des objectifs prioritaires :

---

12 Programme Eco-Ecole : https://www.eco-ecole.org/

13 https://www.eco-ecole.org/le-programme/#1496389275191-6177ab43-b7c6

14 https://www.eco-ecole.org/le-programme/#1496389275248-8ee1c230-2dff

- développement de l'autonomie, de l'esprit d'initiative, de la responsabilité, de la socialisation ;
- respect de l'autre et de son travail, des règles collectives, respect de l'environnement et du patrimoine ;
- acquisition ou perfectionnement de méthodes de travail (observation, description, analyse et synthèse, prise de notes, représentation graphique…) ;
- maitrise de la langue.

7. Qu'est-ce que l'école dehors ?

En France, « **faire classe dehors** » est encore une pratique originale. Pourtant, dans d'autres pays comme en Suisse, en Allemagne, au Danemark, en Suède ou encore au Canada, elle est inscrite dans les habitudes (Outdoor Learning). Des chercheurs en ont montré les bénéfices : plus grande motivation des élèves et des professeurs, renforcement du langage et plus grande maitrise des concepts en mathématiques et en sciences, plus grande capacité de communication, amélioration des résultats scolaires, développement de la coopération au sein des classes…

La définition de « **Faire l'école dehors** » s'appuie sur quelques invariants :
- C'est d'abord « faire classe »… Les **élèves apprennent** dans tous les domaines d'apprentissages des programmes de l'école… bien qu'au début on commence souvent par les domaines plus faciles comme l'exploration du monde, sciences, EPS, géographie, l'éducation artistique et culturelle.
- C'est une **pratique régulière** inscrite à l'emploi du temps, au moins une fois par semaine.
- Dans un milieu **proche de l'école** : un parc, une forêt, un bois, une prairie…

La régularité d'apprentissages sur un même lieu est essentielle pour que les élèves s'approprient l'environnement et perçoivent les variations, des saisons notamment. Les apprentissages en extérieurs sont nombreux et possibles dans tous les domaines comme les **Apprentissages sensoriels et langagiers au cycle 1** : Écouter les sons de la nature et retrouver son origine.

Un autre exemple au cycle 2 et 3, en EPS, les activités de **parcours d'orientation** contribuent au champ d'apprentissage 2 : « Adapter ses déplacements à des environnements variés ». Les élèves apprennent à s'orienter et à se déplacer dans un espace de plus en plus élargi, à l'aide d'un plan.
L'objectif poursuivi s'inscrit dans les attendus de fin de cycle de ce champ :
- réaliser un parcours d'orientation en adaptant ses déplacements à un environnement.
- respecter les règles de sécurité qui s'appliquent.

Aujourd'hui, suite au confinement lié à la COVID et à l'évolution de notre société, de plus en plus d'enseignant.e.s, surtout en maternelle, font classe dehors.
Avant de débuter vous aussi, commencez par répondre à ces questions pour clarifier votre projet :
- **Faire classe dehors… oui mais pourquoi ?** c'est surement la question la plus importante !
- Quels objectifs et quels apprentissages ?
- Quels avantages et inconvénients d'être dehors ?
- Où s'installer ? Dans la cour, une forêt, un parc… Comment s'y rendre ?
- Comment assurer la sécurité et l'hygiène ? Comment installer des toilettes dans la nature ?

- Quels accompagnateurs ? Quels partenaires ? Quels rôles éducatifs ?
- Quels seront les rôles de l'Atsem en maternelle ?
- Et quand il pleut ? Quel équipement pour les enfants ?
- Quel matériel à emporter ?
- Quelle coéducation avec les parents ? Quelle communication ?

Pour en savoir plus :

- Le guide « *Grandir dehors* » de l'Ariena (Réseau associatif régional d'éducation à la nature et à l'environnement en Alsace) vous donne des pistes. Il est disponible en version numérique et téléchargeable : http://ariena.org/ressources-pedagogiques/pedagogies-dans-la-nature/
- Le groupe départemental Classe dehors79 accompagne la mise en œuvre de l'école autrement en proposant aux enseignant.e.s des ressources pour enseigner dehors avec notamment différents padlet actualisés : https://ww2.ac-poitiers.fr/dsden79-pedagogie/spip.php?article1047
- Crystèle Ferjou avec Moïna Fauchier-Delavigne, Emmenez les enfants dehors ! Comment la nature participe au développement de l'enfant, Éditions Robert Laffont, 2020.
- L'académie de Paris a créé un espace numérique pour accompagner les enseignant.e.s souhaitant commencer à enseigner dehors : https://www.ac-paris.fr/portail/jcms/p1_2337978/ecole-dehors
- L'Ageem (Association Générale des Enseignants des Écoles et classes Maternelles publiques) a publié un dossier « Faire classe dehors » : https://ageem.org/faire-classe-dehors/
- Le ministère de l'Éducation et de l'Enseignement supérieur du Québec a édité plusieurs ressources d'accompagnement à l'intention des enseignant.e.s pour aménager les cours de récréation et faire classe dehors : http://www.education.gouv.qc.ca/fileadmin/site_web/documents/ministere/FichePR2_RealisationProjetAmeCourEcolePrimaire.pdf
- De nombreuses ressources sont également disponibles sur le site RAP (Recherche-Action Participative) : https://wiki.reseauecoleetnature.org/RAP_ECRIN/?EducNat

La partie suivante de cet ouvrage décrit des projets et des situations de classe permettant une éducation au développement durable en s'appuyant sur les 17 objectifs de développement durable.

Objectif 1 Pas de pauvreté

La solidarité est un pilier du développement durable défini par 3 grands axes : économique, environnemental et social. Inscrit dans le parcours citoyen, l'engagement des élèves pour lutter contre la pauvreté est aussi une éducation au développement durable.

1 PAS DE PAUVRETÉ

L'objectif 1 est d'éliminer la pauvreté sous toutes ses formes et partout dans le monde.
Les taux d'extrême pauvreté ont été réduits de plus de moitié depuis l'an 2000, une réalisation remarquable, certes, mais **une personne sur dix dans les régions en développement vit encore avec moins de 1,90 dollar par jour et des millions d'autres ne gagnent guère plus.** La pauvreté ne se résume pas à l'insuffisance de revenus et de ressources pour assurer des moyens de subsistance durables. Ses manifestations comprennent la faim et la malnutrition, l'accès limité à l'éducation et aux autres services de base, la discrimination et l'exclusion sociales ainsi que le manque de participation à la prise de décisions.

D'après l'Organisation des Nations unies: https://unric.org/fr/odd-1/

À l'école, on retrouve ce thème dans les programmes d'EMC et de français avec la poésie ou les albums de jeunesse. La représentation de la pauvreté dans les arts visuels est également intéressante comme dans l'album *Les petits bonhommes sur le carreau*.

1. S'engager pour éliminer la pauvreté avec des partenaires associatifs C2 C3

Pour une mise en œuvre du programme d'EMC au cycle 2, vous pouvez commencer par **définir la pauvreté**. Individuellement, les élèves dessinent ou écrivent ce qu'est la pauvreté pour eux. La mise en commun des réponses montre les différents points de vue et la difficulté de définir clairement la pauvreté. De nouvelles questions apparaissent telles : la pauvreté en France ou en Afrique est-elle la même ? Quels sont nos besoins élémentaires pour ne pas être dans la misère ?
Vous pouvez vous appuyer sur les posters de la Fondation Goodplanet[1].

1 Poster GoodPlanet « Objectif de développement durable », Fondation GoodPlanet : https://www.goodplanet.org/fr/posters-goodplanet-objectifs-de-developpement-durable/

En **cycle 3**, vous pouvez aussi utiliser la vidéo Lumni « Qu'est-ce qu'être pauvre en France aujourd'hui ? » ou des textes adaptés au niveau des élèves notamment des articles de journaux.
À la fin de cette première phase, les élèves écrivent un texte ou une carte mentale définissant la pauvreté.

Dans un deuxième temps, les élèves cherchent à trouver des solutions pour éliminer la pauvreté. Vous listez alors les propositions des élèves puis vous développez quelques points en utilisant par exemple les vidéos Lumni :

- Qu'est-ce que **la solidarité** ? Et **la fraternité** ?
- Qu'est-ce qu'**un bénévole** ?
- C'est quoi les **Restos du Cœur** ?
  - Demander à un bénévole de venir décrire son travail et expliquer pourquoi il s'engage.
- C'est quoi **la Sécurité sociale** ?
- À quoi servent **les impôts** ?
- Quelles sont les associations qui luttent contre la pauvreté ?

Pour terminer, vous proposez à vos élèves de s'engager sur une action concrète qu'ils/elles pourront mener à l'école. Vous pouvez participer à des manifestations en lien avec l'association des parents d'élèves **pour collecter des aliments, des jouets, des produits d'hygiènes**... voire des manuels scolaires. Les éco-délégué.e.s peuvent coordonner les actions des différentes classes.

2. Faire évoluer notre regard sur les SDF à partir d'un album de jeunesse C2 C3

Le ministère de l'Éducation nationale met à la disposition des enseignant.e.s des **listes d'œuvres et d'ouvrages** pour les aider à choisir des lectures à proposer aux élèves[2]. Cette sélection a pour but de développer chez les élèves la pratique et le gout de la lecture en leur transmettant une première **culture littéraire**. On y trouve notamment l'album de jeunesse ***Les petits bonshommes sur le carreau***.[3]

2 https://eduscol.education.fr/114/lectures-l-ecole-des-listes-de-reference
3 *Les petits bonshommes sur le carreau*, Isabelle Simon et Olivier Douzou © Éditions du Rouergue, 1998, 2011.

Vous pouvez vous référer à la notice proposée par Eduscol[4] qui résume l'ouvrage, décrit les particularités littéraires et propose des activités de classe :

C - Les petits bonshommes sur le carreau

Auteur - illustrateur : DOUZOU Olivier
Éditeur : Éditions du Rouergue
Année première édition : 1994
Nombre de pages : 40 p.

Mots-clés : œuvre classique, album • figure de style : opposition • débat interprétatif • relations humaines - vie sociale • SDF

Résumé

D'un côté, un enfant au chaud regarde par la fenêtre dans la rue. De l'autre côté, dans la rue la nuit, de petits bonshommes sont dans le froid. Côté recto, dans la buée se dessine du bout du doigt un petit bonhomme : il a une tête, une bouche, des oreilles, des yeux. Il lève les bras ; il est heureux. Côté verso, les petits bonshommes (**SDF**) sont sur le carreau, sur la paille, dans la misère ; ils parlent mais n'ont personne pour les écouter et leur répondre. Ils vivent dehors, par terre, dans le froid. Le bonhomme de buée se retrouvera du côté du froid quand le rideau sera tiré sur la fenêtre.

Pertinence et intérêt de l'ouvrage

L'**album** repose sur une **figure de style : l'opposition**. Il progresse par un enchainement de contrastes entre le dedans et le dehors, le chaud et le froid, le recto et le verso du carreau de la fenêtre. De nombreux mots renvoient à des expressions figurées ou suggèrent un autre sens (« soupirail » → soupir ; « bouches d'égouts … muettes »), chargeant le texte d'implicite. Il conviendra d'établir les liens entre ces éléments de lexique qui se font écho du dedans au dehors, d'en faire même l'inventaire pour mettre en évidence cette opposition et finalement l'inversion de situation, suggérée comme possible grâce à l'expression « tirer le rideau ». On préparera ainsi le **débat interprétatif** indispensable qui prendra également appui sur les indices mis en scène par les illustrations : tapisserie de la chambre/murs de la rue, affiches lacérées sur les murs de la rue, couleurs du dedans/couleurs du dehors …

Point particulier

Le texte est retenu, voire pudique ou laconique. Il joue sur le même registre que les éléments iconiques. Les « petits bonshommes » sont réalisés en terre, mis en scène et photographiés. On trouve ce choix d'illustrations dans un autre album de la liste cycle 3 2018, « De la terre à la pluie » de Christian Lagrange, qui aborde également un problème de **relations humaines, vie sociale**. Cette technique met de la distance pour aborder un sujet grave, mais l'ancre pourtant dans la réalité grâce à la symbolique de la terre.

En classe, il est possible d'exploiter cet album du cycle 1 au cycle 3 car le texte est simple mais comporte beaucoup d'implicite. Plusieurs exploitations pédagogiques de cet ouvrage permettent d'aborder le thème de la pauvreté :

- En **vocabulaire** : montrer la polysémie des mots. Travailler également sur le sens propre et le sens figuré des expressions « être sur le carreau », « être sur la paille », « se cacher la face ».
- **Oral** : débat d'argumentation par exemple à partir de la phrase : « Il a un cœur mais il ne le sait pas. » et de la question : « Pourquoi ne voulons-nous pas voir la misère ? »
- **Écriture** : réécrire une partie du texte en changeant de point de vue.

4 https://eduscol.education.fr/document/11999/download

- En **littérature** et en **arts plastiques** : comparer le côté « recto » ou « verso » d'une vitre, qui est une frontière entre deux mondes proches mais pourtant séparés.

Coté recto	Coté verso
Chaque page commence par : « Ce n'est qu'un petit bonhomme… »	Chaque page commence par : « De l'autre côté de la fenêtre, du côté où il fait froid… les petits bonshommes sur le carreau… »
Chaud, bonheur, chance « une bouche mais il ne parle pas » « il lève les bras »	**Froid, misère, malchance** « ouvrent la bouche mais il en sort de la fumée » « ils baissent les bras » Illustration : une alternance de photographies avec des personnages en pâte à modeler grise dans des décors fabriqués à partir de collages de cartons, papiers et bois : on pénètre dans le monde de l'exclusion, de la solitude, de la déshumanisation.

Pour aller plus loin :

- On trouve sur Éducalire de nombreuses séquences littéraires et une proposition de livres sur le thème de l'**exclusion**.
  Retrouvez la fiche pédagogique de l'album *Les petits bonshommes sur le carreau* sur le site Éducalire : http://educalire.fr/Les_petits_bonshommes_sur_le_carreau.php

Objectif 2 Faim « zéro »

Une agriculture durable poursuit trois objectifs : la préservation de l'environnement, des exploitations agricoles viables et une action sur le long terme. Elle préserve les ressources du sol, de l'eau, de l'air, en favorisant les biodiversités et l'aspect biologique. Ces objectifs sont définis du point de vue de l'agriculteur ou de l'agricultrice comme du consommateur ou de la consommatrice.

L'alimentation durable est une alimentation viable sur le plan économique et social, qui préserve l'environnement, la santé et la diversité culturelle.

L'objectif 2 est d'éliminer la faim, assurer la sécurité alimentaire, améliorer la nutrition et promouvoir une agriculture durable.

Il est temps de repenser la façon dont nous cultivons, partageons et consommons notre alimentation. Actuellement nos sols, l'eau douce, les océans, les forêts et la biodiversité se dégradent rapidement. Le changement climatique exerce une pression encore plus forte sur les ressources dont nous dépendons et augmente les risques de catastrophes naturelles telles que la sécheresse et les inondations. Beaucoup de ménages ruraux ne peuvent plus joindre les deux bouts en cultivant leurs terres et sont obligés de migrer vers les villes à la recherche de nouvelles opportunités. L'insécurité alimentaire entraine également des retards de croissance chez des millions d'enfants.

Un changement profond du système mondial d'alimentation et d'agriculture est nécessaire si nous voulons nourrir les 815 millions de personnes qui souffrent de la faim aujourd'hui et les 2 milliards de personnes supplémentaires qui seront sous-alimentées d'ici à 2050.

Investir dans l'agriculture est crucial pour augmenter les capacités de la productivité agricole, et des systèmes durables de production de nourriture sont nécessaires pour permettre de réduire le problème de la faim.

D'après l'Organisation des Nations unies : https://unric.org/fr/odd-2/

À l'école, ce thème est surtout présent dans les programmes d'exploration et de questionnement du monde vivant au cycle 1 et au cycle 2. En sciences, au cycle 3, on retrouve ce thème dans la partie concernant les fonctions de nutrition : alimentation, digestion... En géographie, le thème 3 du CM1 s'intitule « Consommer en France : satisfaire les besoins alimentaires ».

1. Manger du « Nuletta »... est-ce que c'est bon ? C2 C3

La situation déclenchante s'appuie sur une question reposant sur la polysémie du mot « bon ». Pour recueillir les conceptions initiales, les élèves répondent individuellement à la question en cherchant à argumenter. Lors de la mise en commun, le débat opposera surement deux approches :

« Oui, c'est bon car j'adore le **gout**. »

« Non, ce n'est pas bon pour **la santé**. »

À partir du cycle 3, certain.e.s élèves pourront aussi affirmer que c'est mauvais pour **la planète** car il faut de l'huile de palme pour faire du « Nuletta ». Or, cette production d'huile provoque la **déforestation** (voir les fiches de la Fondation Tara Océan dans la malle « Échos d'escale[1] » ou une séquence concernant l'huile de palme sur le site de La main à la pâte[2]).

Pour savoir si c'est bon pour la santé, les élèves imaginent et écrivent la liste des ingrédients, puis comparent avec une étiquette de « Nuletta » apportée au préalable. Ils/Elles colorient ensuite le tableau ci-contre pour 100 g de « Nuletta ». Chaque case représente 1 gramme d'ingrédient (sucre, huile, cacao...).

Les élèves visualisent alors que les ingrédients principaux sont **du sucre et de l'huile de palme** ! Reposer alors le même travail de comparaison avec d'autres étiquettes d'aliments transformés. À partir d'une recette de pâte à tartiner, on prépare ensuite en classe du « Nuletta ».

Dans un second temps, on cherche à répondre à la question : Que se passe-t-il si on mange trop de « Nuletta » (du sucre et de l'huile) ? Pour répondre aux hypothèses des élèves, on pourra choisir :

- De faire venir **un.e diététicien.ne ou l'infirmier.ère scolaire** dans la classe.
- D'utiliser les ressources du **PNNS (Programme national nutrition santé**[3]).

En fin de séquence, en atelier, les élèvent réalisent une affiche qui répond à la question « *Manger du "Nuletta"... est-ce que c'est bon ?* ». Ces productions seront affichées dans la classe, à l'école ou à la cantine.

---

1 https://echosdescale.fondationtaraocean.org/wp-content/uploads/2020/12/puntaarenas-eleve-cycle3-vf.pdf

2 https://fondation-lamap.org/sequence-d-activites/faut-il-manger-du-nuletta

3 https://solidarites-sante.gouv.fr/prevention-en-sante/preserver-sa-sante/le-programme-national-nutrition-sante/article/programme-national-nutrition-sante-pnns-professionnels

2. Concevoir des menus équilibrés éventuellement avec un.e diététicien.ne C2 C3

En vous appuyant sur la démarche d'investigation scientifique[4], demandez aux élèves de découper des aliments dans des prospectus publicitaires pour concevoir un menu (cycle 2) ou les menus d'une journée (cycle 3). La comparaison des menus fait naitre des questions productives : Qu'est-ce qu'un menu équilibré ? Quels sont les aliments indispensables ? Les aliments ont-ils des rôles différents ?
L'investigation en classe pour tester les hypothèses peut se faire à partir de différents documents :

- des animations du réseau Canopé « les fondamentaux ».
- des nombreuses ressources de Santé publique France : https://www.mangerbouger.fr/
- du projet de La Fondation La main à la pâte ***Manger, bouger pour ma santé*** reposant sur un guide de l'enseignant.e issu d'un long travail de conception et de tests en classe de cycles 1 et 2. Il permet d'aborder les questions liées à la pratique d'activités physiques, l'alimentation, l'influence de la publicité sur la consommation, l'hygiène et certains accidents domestiques : https://fondation-lamap.org/projet/manger-bouger-pour-ma-sante

En fin de séquence, proposez aux élèves de réaliser un jeu des 7 familles des 7 groupes d'aliments pour concevoir des menus de la cantine.
Vous pouvez aussi vous rapprocher de la cantine scolaire et contacter un.e dietéticien.ne pour vous accompagner.

Prolongements possibles:

- **Production d'écrits :** réaliser une recette imaginaire comme, par exemple, la recette de la sorcière.
- **Arts visuels :** composer un tableau à partir d'images d'aliments à la manière de Giuseppe Arcimboldo.

Pour aller plus loin :

▸ Sur le site Eduscol : https://eduscol.education.fr/2089/comprendre-les-enjeux-de-l-education-l-alimentation-et-au-gout

4 Voir sur Lea.fr, le document « Grandes lignes de la démarche d'investigation scientifique ».

Objectif 3 Bonne santé et bien-être

3 BONNE SANTÉ ET BIEN-ÊTRE

L'objectif 3 est de donner aux individus les moyens de vivre une vie saine et promouvoir le bien-être à tous les âges.

Donner les moyens de vivre une vie saine et promouvoir le bien-être de tous à tous les âges est essentiel pour le développement durable. De nombreux efforts sont nécessaires pour éliminer complètement un large éventail de maladies et résoudre de nombreux problèmes de santé persistants et émergents. En mettant l'accent sur un financement plus efficace des systèmes de santé, l'amélioration de l'assainissement et de l'hygiène, un meilleur accès aux professionnels de santé et davantage de conseils sur les moyens de réduire la pollution ambiante, des progrès significatifs peuvent être réalisés pour sauver des vies.

Source modifiée : https://unric.org/fr/odd-3/

Pour l'OMS, La santé est un état de complet **bien-être physique, mental et social** et ne consiste pas seulement en une absence de maladie ou d'infirmité.

À l'école, ce thème est abordé dès le cycle 1 dans le domaine « explorer le monde du vivant » où les enfants doivent connaitre et mettre en œuvre quelques règles d'hygiène corporelle et d'une vie saine. À partir du cycle 2, l'EMC développe aussi la culture de la sensibilité. L'élève apprend à s'estimer et à être capable d'écoute et d'empathie. Il doit aussi apprendre à réguler ses émotions et ses sentiments.

L'ensemble des apprentissages et actions en faveur de l'éducation à la santé se retrouve dans le **parcours éducatif santé**.

1. Définir la santé par le photo-langage C1 C2 C3

Commencer par choisir quelques photographies comme celles-ci :

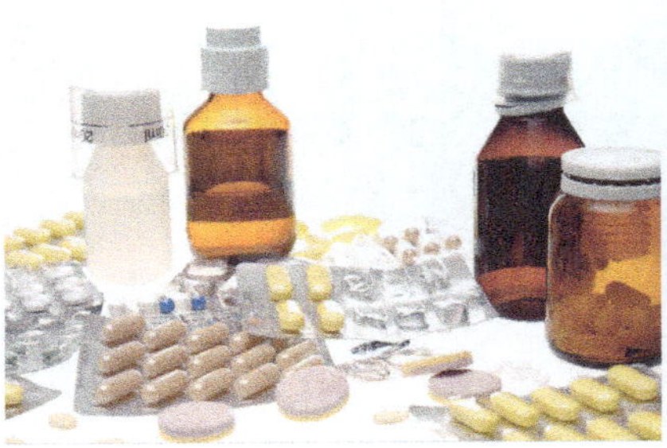

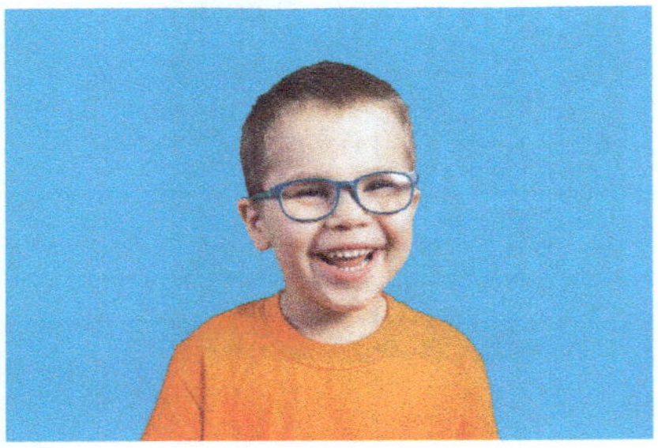

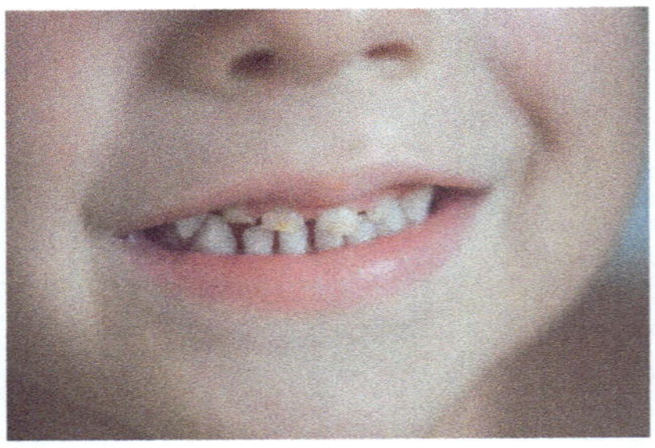

Demander aux élèves d'observer puis de choisir la photographie qui selon eux représente ce qu'est « être en bonne santé ». Il est aussi possible en fonction du niveau de vos élèves de demander de choisir une photographie qui représente « être en mauvaise santé ».

Les élèves expliquent ensuite leur choix puis un débat permet d'argumenter pour définir ce qu'est « être en bonne santé ». L'objectif principal étant de **faire évoluer les représentations des élèves sur la santé** et montrer que le bien-être mental et social est important : s'estimer et apprécier de vivre avec les autres.

2. Apprendre à porter secours (dispositif APS) C1 C2 C3

Chaque année, en France, 11 millions d'accidents de la vie courante provoquent 20 000 décès. Les plus nombreux se produisent au domicile ou dans l'environnement proche des victimes, d'où l'intérêt d'apprendre à porter secours. Du cycle 1 au cycle

3. le dispositif APS développe les compétences de l'élève qui :
- adopte une attitude de prévention,
- se protège et protège autrui,
- alerte et intervient.

Par exemple, en cycle 1 ou 2, vous pouvez utiliser le dispositif **la malle aux dangers** qui contient des objets ou produits dangereux, ou leurs photographies (scie, produits ménagers, eau de Javel...) et des objets inoffensifs. Les élèves observent, décrivent, nomment, classent les objets et retrouvent les lieux de leur environnement (école, maison) où l'on pourrait trouver ces objets.

De nombreux jeux peuvent être proposés autour de la malle aux dangers[1] :
- **Jeu du portrait :** décrire précisément un objet caché ou absent ; l'élève écoute, identifie, nomme l'objet et son risque ;
- **Jeu de devinette :** des objets de la malle sont exposés. L'enseignant.e ou un.e élève en choisit un sans le nommer. Les autres élèves le ou la questionnent pour extraire des informations qui permettent d'identifier à quel objet l'enseignant.e ou l'élève pense ;
- **Jeu du « souviens-toi » :** l'enseignant.e ou un.e élève propose un objet de la malle à observer ; il/elle le cache et les élèves doivent retrouver des éléments qui le caractérisent, ses risques... ;
- **Jeu du « bouche-à-oreille » :** l'enseignant.e choisit un objet de la malle. Il/Elle le décrit, présente un risque possible... à l'oreille d'un.e élève sans montrer l'objet. L'élève passe l'information à l'élève suivant.e et le dernier ou la dernière doit identifier l'objet ;
- **Jeu de l'aveugle :** un objet de la malle est caché. On peut indiquer le risque qu'il représente, la blessure qu'il peut provoquer... En posant des questions, les élèves doivent identifier l'objet caché.

Vous pouvez aussi prendre contact avec **les pompiers** pour « apprendre à porter secours ».

Pour aller plus loin :

- Il existe un site spécifique pour apprendre à porter secours à l'école. On y trouve notamment un guide repère mais aussi des séquences pédagogiques : https://eduscol.education.fr/998/apprendre-porter-secours-premier-degre
- **E-bug** est une ressource éducative gratuite, créée à l'initiative de la Commission européenne, conçue pour apporter aux élèves **de** cycle 3 une image vivante du « **monde des microbes** » : https://www.e-bug.eu/index.html#France
- Le dispositif ludo-éducatif **Riskou**, crée par l'association MAIF, propose des outils et des ressources pour apprendre à porter secours. L'objectif est d'aider les enfants à expérimenter positivement les risques de la vie courante et prévenir les accidents : album, jeu numérique, objets à construire et utilisation des robots Blue Bots avec l'imagier du risque : https://prevention-maif.fr/action/riskou/

3. Courir avec le parcours du bonhomme C2 C3 C4

L'EPS participe aussi à la bonne santé des élèves et au bien-être à l'école. D'ailleurs, les recommandations médicales préconisent **30 minutes d'activité physique tous les jours** afin d'assurer la santé des enfants. Et si toutes les activités physiques et

1 D'après https://eduscol.education.fr/document/20686/download

sportives y participent, la course longue développe des qualités d'endurance de manière durable.

Quelques repères pour l'enseignant.e :
Un élève de CP peut courir au moins 6 minutes, il/elle réalisera 800 mètres environ avec une allure d'endurance moyenne de 6 à 7 km/h.
En CE1, en moyenne en 8 minutes, un élève réalisera entre 1 000 et 1 200 mètres avec une allure d'endurance moyenne de 7 à 8 km/h.
En CE2, en 10 minutes, 1 500 mètres environ avec une allure d'endurance moyenne de 8 à 9 km/h.
En CM, de 10 à 15 minutes avec une allure d'endurance moyenne de 9 à 10 km/h.

Il existe de nombreux parcours ou jeux pour motiver la course longue et développer l'endurance. Décrivons ici un dispositif motivant pour les élèves à partir du CE1 : **le parcours du bonhomme !**
Les élèves courent en suivant un parcours et toutes les minutes, au signal sonore (un coup de sifflet, par exemple), ils repassent par les yeux du bonhomme. Le but est de marquer le plus de points.

Le parcours du bonhomme[2]

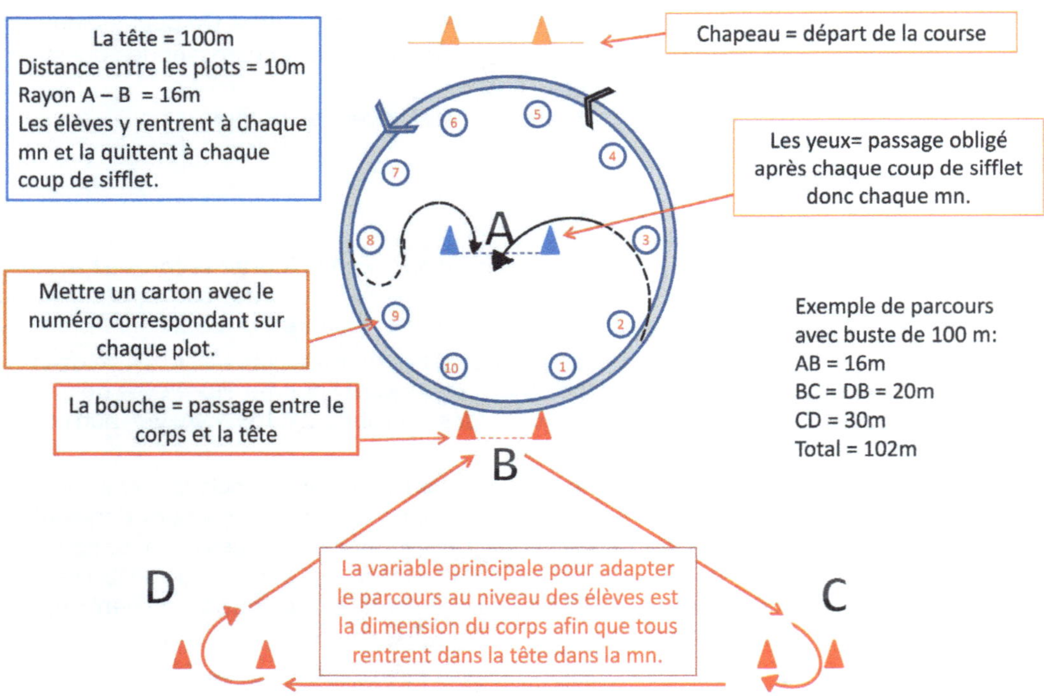

Proposition de scénario pédagogique :
En lien avec les apprentissages en mathématiques (**grandeurs et mesures**), présenter le « bonhomme » aux élèves (périmètre du parcours) et se mettre d'accord pour savoir comment installer le parcours (qui fait quoi ?).
But pour l'élève qui court : tester des stratégies pour marquer le plus de points possible sur un nombre de tours déterminé par l'enseignant en fonction du niveau des élèves.

2 Jean-Marc Hallier, INSPÉ de Vannes.

But pour l'élève qui observe :

- participer à l'élaboration de la stratégie de course ;
- enregistrer les points marqués à chaque signal sonore (plot 1 = 1 point, plot 2 = 2 points...) ;
- noter la fréquence cardiaque du camarade observé, au départ, à l'arrivée, puis 2' après récupération.

Organisation :

Les élèves sont par 2 (un.e court, un.e observe) et occupent alternativement ces rôles. Les élèves qui courent partent du « chapeau » (les plots au-dessus de la tête) au signal initial, passent dans la porte A (« les yeux »), sortent par la porte B (« la bouche »), passent par les portes C et D, entrent par la porte B dans la partie circulaire, continuent devant le plot 1 et enchainent les plots jusqu'au signal sonore. À ce signal, ils/elles quittent le cercle de la tête et repartent pour un tour d'une minute (sans s'arrêter) en empruntant la porte A centrale (les yeux) puis la porte B (la bouche) et ainsi de suite.
L'enseignant.e choisit le temps en fonction de l'âge et du niveau des élèves.
De retour en classe, les élèves complètent un tableau de résultat (nombre de points/date) que l'on peut aussi représenter par **un graphique**. Il est également intéressant de demander aux élèves d'estimer leur futur score pour la séance suivante.
Cette situation permet à chaque minute de regrouper en peloton l'ensemble des élèves lors de leur passage « dans les yeux », ainsi les moins rapides et les plus rapides se retrouveront à chaque début de tour.
Vous pourrez alors travailler sur la régularité avec comme objectif de courir de plus en plus longtemps sans s'arrêter. Grâce à l'élève qui l'observe, l'élève qui court peut identifier son profil de course, sa vitesse, et ainsi se réguler.
Tou.te.s les élèves seront sur le terrain (mise en place du parcours, course, observation). Les temps de récupération seront identifiés et identiques pour tou.te.s puisque chaque élève passera dans les deux rôles. Vous pourrez alors faire des groupes de niveau et adapter la dimension du corps du parcours bonhomme à chaque groupe. Les élèves pourront ainsi courir avec des élèves du même rythme.

4. Apprendre à gérer ses émotions... pour éviter l'éco-anxiété

Les **compétences psychosociales** sont « la capacité d'une personne à répondre avec efficacité aux exigences et aux épreuves de la vie quotidienne. C'est l'aptitude d'une personne à maintenir **un état de bien-être mental**, en adoptant **un comportement approprié et positif** à l'occasion des relations entretenues **avec les autres, sa propre culture et son environnement**. Les compétences psychosociales ont un rôle important à jouer dans la promotion de la santé prise dans son sens le plus large, en termes de bien-être physique, mental et social.[3] »
Des enseignant.e.s et des psychologues constatent que l'intérêt des élèves se mue parfois en angoisse pour le sort de la planète et pour leur propre avenir. On observe alors de la peur ou de la colère et parfois des troubles du sommeil et de l'appétit. C'est l'intérêt d'apprendre à gérer ses émotions... dès le cycle 1.
Que se passe-t-il dans mon corps quand j'ai peur, quand j'éprouve de la joie, de la tristesse ou de la colère ? Que déclenchent les émotions ? En quoi peut-il être utile

3 Source : http://www.ac-grenoble.fr/ien.st-gervais/IMG/pdf/cps-ecole_elementaire.pdf?

Compétences sociales	> Avoir conscience de soi > Avoir de l'empathie pour les autres > Savoir communiquer efficacement > Etre habile dans les relations interpersonnelles
Compétences émotionnelles	> Savoir gérer son stress > Savoir gérer ses émotions > Avoir une pensée créative
Compétences cognitives	> Avoir une pensée critique > Savoir résoudre les problèmes > Savoir prendre des décisions

de les comprendre? La série proposée par Lunmi, *Les émotions de P'tit cube*[4], permet d'apprendre à mettre des mots sur ces sensations physiques et de comprendre qu'il s'agit de réactions normales. Les 7 épisodes de cette série répondent simplement et de manière ludique et poétique à des questions émotionnelles du quotidien.

Il est également très riche de faire le lien avec **les arts visuels ou la musique**. Prenons l'exemple de la peinture *Le Cri* d'Edvard Munch. Chaque élève nomme et décrit l'état émotionnel du personnage du tableau puis imagine l'origine de l'émotion, ici la peur. Réaliser le même travail avec d'autres œuvres, des peintures et des photographies, puis préparer une exposition « les émotions et les arts ».

Pour aller plus loin :

- **Le parcours éducatif santé**

  De la maternelle au lycée, le parcours éducatif de santé vise à assurer l'éducation à la santé, la prévention et la protection de la santé des élèves ; il prend en compte l'environnement des enfants et l'articulation entre leurs différents temps de vie : https://eduscol.education.fr/2231/le-parcours-educatif-de-sante
- Pour s'engager dans la démarche « **École promotrice de santé** » on peut aussi consulter le site : https://eduscol.education.fr/2346/sante
- **L'importance du sommeil et lien avec les neurosciences : créer une cogni'classe**

  Des enfants dorment mal à cause du temps passé sur les écrans, notamment le soir au moment du coucher. Même si les enseignants informent souvent les parents lors de la réunion de rentrée (importance du sommeil, effet des écrans…), une coéducation plus poussée est nécessaire pour faire évoluer les pratiques éducatives. On peut alors, par exemple, s'engager dans **le projet cogni'classe** et mettre alors en œuvre une ou plusieurs modalités pédagogiques éclairées par les apports des sciences cognitives de l'apprentissage : les systèmes de la mémoire, l'attention, la métacognition et l'impact du sommeil sur les apprentissages…

  Toutes les informations sont sur : https://sciences-cognitives.fr/

4 Source : https://www.lumni.fr/programme/les-emotions-de-p-tit-cube

Objectif 4 Éducation de qualité

4 ÉDUCATION DE QUALITÉ

Le film documentaire de Pascal Plisson « Sur le Chemin de l'école » narre l'histoire de quatre enfants des quatre coins du monde qui suivent un véritable périple pour se rendre à l'école. Le réalisateur montre alors la valeur émancipatrice de l'éducation.

L'objectif 4 est d'assurer l'accès de tous à une éducation de qualité, sur un pied d'égalité, et promouvoir les possibilités d'apprentissage tout au long de la vie.
Obtenir une éducation de qualité est le fondement pour améliorer la vie des gens et le développement durable. Outre l'amélioration de leur qualité de vie, l'accès à une **éducation inclusive et équitable** peut aider à doter les populations locales des outils nécessaires pour développer des solutions innovantes aux plus grands problèmes du monde. Toutes les actions concernant l'inclusion scolaire participent ainsi à une éducation de qualité.

D'après l'Organisation des Nations unies : https://unric.org/fr/odd-4/

À l'école, ce thème se développe principalement en EMC à travers par exemple les dilemmes moraux ou les débats philosophiques en interrogeant par exemple la notion de normalité.

1. Un débat philosophique pour s'interroger : qu'est-ce qu'être normal.e ? C2 C3 C4

L'enfant, spontanément, est normatif : il y a le bien et le mal, le bon et le mauvais. La catégorie du normal et de l'anormal est donc pour lui quelque chose de familier. La difficulté est justement de passer de cette compréhension spontanée **à la réflexion**. Dans un premier temps, dès le cycle 2, les élèves répondent individuellement à la question, par exemple sous la forme d'une carte mentale. Vous pouvez demander de rechercher le contraire de « normal ». Lors du forum, les élèves se déplacent pour lire les réponses de leurs camarades. Puis, pendant le débat, vous écrivez au tableau les points essentiels des échanges comme :

- la normalité biologique, la maladie, le handicap…
- « C'est normal quand on le voit partout, qu'on le retrouve le plus souvent ».
- « C'est normal quand on respecte la loi et les règles ».
- « Quand c'est juste. Par exemple, le travail des enfants, c'est injuste… ce n'est pas normal ! »

La réflexion peut porter sur **la distinction de normal/différent** : Un enfant en situation de handicap est différent si on considère l'aspect biologique mais il est « normal » aux yeux de la loi et des droits de l'homme.

Dans la fiche 7 de son ouvrage, disponible en version numérique, ***Pratiquer la philosophie à l'école, 15 débats pour les enfants du cycle 2 au collège***[1], **François Galichet** propose des prolongements possibles :

- L'album ***Alice sourit***[2], de Jeanne Willis et Tony Ross, accessible dès 3 ans, pose le problème de la différence et du **handicap** d'une manière très concrète et peut susciter de nombreuses réactions et questions de la part des enfants.
- L'album de Rascal, ***Poussin noir***[3] pose le problème de celui qui est différent… « pas comme les autres ».

En fin de séance, vous demandez aux élèves de revenir sur leurs premières réponses à la question : « *Qu'est-ce qu'être normal.e ?* ». Les élèves peuvent alors corriger ou compléter leurs réponses.

Pour aller plus loin :

- Une vidéo Lumni montre comment les enfants en situation de handicap sont accompagnés dans leur scolarité : https://www.lumni.fr/video/comment-les-enfants-handicapes-sont-ils-accompagnes-dans-leur-scolarite
- Le réseau Canopé « les fondamentaux » propose des films d'animations avec des fiches d'accompagnement notamment en EMC : https://lesfondamentaux.reseau-canope.fr/discipline/enseignement-moral-et-civique

1 https://philogalichet.fr/telechargez-gratuitement-pratiquer-la-philosophie-a-lecole/
2 Jeanne Willis et Tony Ross, collection L'heure des histoires, Gallimard Jeunesse, avril 2021.
3 Rascal et Peter Elliott, collection Pastel, L'École des loisirs, octobre 1997.

Objectif 5 Égalité entre les sexes

L'égalité entre les filles et les garçons est un principe fondamental inscrit dans le Code de l'éducation. Elle encourage un climat scolaire serein, assure un cadre protecteur - sans comportements ni violences sexistes - et elle favorise la mixité et l'égalité en matière d'orientation. Source : https://www.education.gouv.fr/egalite-entre-les-filles-et-les-garcons-9047

5 ÉGALITÉ ENTRE LES SEXES

L'objectif 5 est de parvenir à l'égalité des sexes et autonomiser toutes les femmes et les filles.
Bien que des progrès aient été accomplis en matière d'égalité des sexes, notamment l'égalité d'accès à l'enseignement primaire pour toutes et tous, les femmes et les filles continuent de subir des discriminations liées à leur genre, voire des violences dans toutes les régions du monde.

Malheureusement, à l'heure actuelle, 20 % des femmes et des filles (une sur cinq) âgées de 15 à 49 ans ont déclaré avoir été victimes de violences physiques ou sexuelles par un partenaire intime sur une période de 12 mois et 49 pays ne disposent actuellement d'aucune loi protégeant les femmes.

Source modifiée[1] : https://www.un.org/sustainabledevelopment/fr/gender-equality/

1 D'après l'Organisation des Nations unies.

À l'école, **l'éducation à la sexualité** s'articule autour de 3 champs de connaissances et de compétences :
- **Biologie :** anatomie, caractéristiques de chaque sexe, reproduction...
- **Psychoaffectif :** les émotions, les sentiments et les désirs...
- **Social :** les droits de chaque individu, les stéréotypes, EMI (Éducation aux médias et à l'information)...

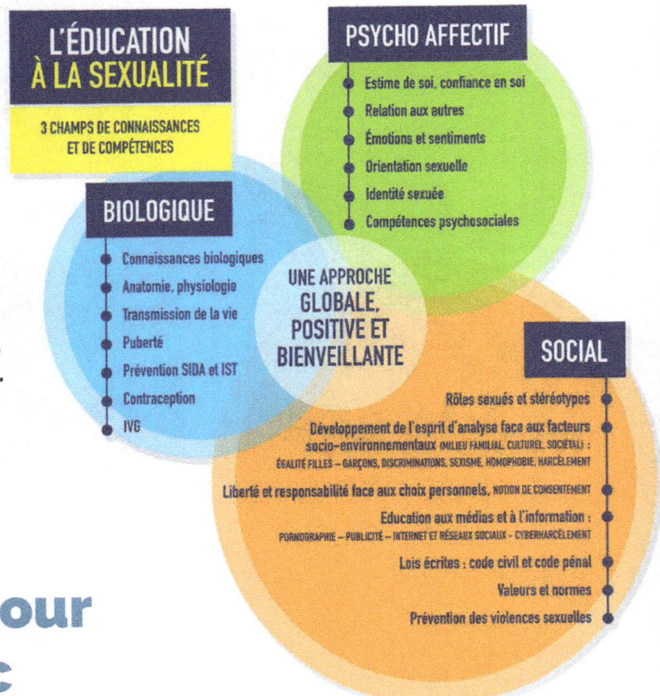

L'éducation à la sexualité à l'École favorise un apprentissage de l'altérité, des règles sociales, des lois et des valeurs communes[2].

1. Aménager la cour de l'école avec les élèves C1 C2 C3 C4

Le temps de la récréation est un moment essentiel d'éducation. La cour d'école est un espace où **une discrimination spatiale implicite** s'observe souvent : les garçons occupent l'espace central (souvent le terrain de foot) et les filles se retrouvent en périphérie. **Alors comment partager l'espace et redonner aussi une place centrale aux filles ?**

En lien avec les programmes de géographie, de mathématiques et d'EMC, plusieurs activités invitent à réfléchir, **repenser et modifier l'espace de récréation** :
- Dessiner le plan de la cour de récréation actuelle et imaginer une organisation de **la cour « de tes rêves »**.
- Travailler sur le plan de la cour de récréation : dessins, **maquettes**, cartes et plans.
- Calculer les surfaces de jeux pour le foot, le basket, les jeux, le jardin...
- **Quels nouveaux jeux** mettre en œuvre dans la cour ?
- Comparer avec d'**autres cours d'école** : lister les différences et les points communs.
- Où et comment ranger le matériel ? Quels matériels ? Qui en est responsable ?
- Imaginer, proposer, débattre et définir une nouvelle répartition des espaces de jeux dans la cour.
- Construire un **emploi du temps des espaces de jeux par classe**.
- Comment aller aux toilettes... sans stress ?

Les **éco-délégué.e.s** jouent un rôle de cohérence entre les classes et de lien avec les élu.e.s de la ville[3].

---

2 https://eduscol.education.fr/2078/je-souhaite-comprendre-les-enjeux-de-l-education-la-sexualite

3 Voir ODD 16, le rôle des éco-délégué.e.s

2. Analyser des images stéréotypées C3 C4

Ana Carrasco, première femme championne du monde en compétition moto.

Dans un premier temps, les élèves décrivent l'image à l'oral ou à l'écrit individuellement. Lors d'un échange oral, alimenter la réflexion à partir des questions :

- Pourquoi la jeune femme est-elle heureuse ?
- Connaissez-vous des championnes sportives ? D**es femmes qui gagnent ?**
- Les femmes sont-elles plus fortes que les hommes dans tous les sports ?
- Est-ce qu'il y a des sports réservés aux filles ou aux garçons ?
- Que signifie « **garçon manqué** »… et « **fille manquée** » ? Est-ce que cette expression existe ?

Proposer ensuite des travaux en atelier :

- Dans différents journaux sportifs, compter le nombre de photographies avec des femmes et avec des hommes.
- Rechercher des grandes championnes sportives.
- Analyser une image de publicité stéréotypée.
- Comparer des publicités : lister les activités des filles et des garçons.

Le site **Genrimages** vous propose des ressources et des supports d'apprentissages. Il est consacré à l'analyse des représentations sexuées et des stéréotypes dans l'image. Produit par le Centre audiovisuel Simone de Beauvoir, Genrimages présente un ensemble d'images et de vidéos. La recherche peut se faire selon trois niveaux (école, collège, lycée) et par mots-clés (par exemple : corps, droits, harcèlement, métiers/orientations) : http://www.genrimages.org/plateforme/?q=genrimages/accueil

Le site **Vinz et Lou** propose aussi des parcours avec des fiches d'accompagnements et des vidéos : https://www.vinzetlou.net/fr/ressources/filter/theme/filles-garcons/4

Suite aux recherches en atelier, les résultats sont présentés à la classe et commentés. Pour terminer, chaque élève crée une carte mentale de synthèse. Vous pouvez également proposer à vous élèves de concevoir une affiche par atelier pour sensibiliser sur le thème de l'égalité entre les filles et les garçons, aux représentations sexuées et aux stéréotypes.

Pour aller plus loin :

Parler du respect des autres à partir d'albums jeunesse

La mission égalité filles-garçons de l'académie de Reims a sélectionné des albums de littérature jeunesse pour parler avec les élèves des cycles 1, 2 et 3 du respect des autres dans leur diversité. Plusieurs thèmes sont abordés (le racisme, l'antisémitisme, le sexisme, la xénophobie, l'homophobie, le handicap, le harcèlement) : https://ww2.ac-poitiers.fr/filles-garcons/spip.php?article81.

Participer au Concours Zéro Cliché pour l'égalité filles-garçons[4]

Le Centre pour l'éducation aux médias et à l'information (**CLEMI**) organise un concours pour déconstruire les stéréotypes sexistes dans les médias, le sport, la mode, l'école, la famille... ou dans la publicité avec, par exemple, une analyse comparative de deux publicités : https://www.clemi.fr/fr/ressources/nos-ressources-pedagogiques/ressources-pedagogiques/deconstruire-les-stereotypes-dans-la-publicite.html.

Pour vous accompagner dans ce concours, une rubrique propose de nombreuses ressources : https://www.clemi.fr/fr/zero-cliche/ressources.html.

Le livret pédagogique « **Chouette pas chouette** » propose de nombreuses activités d'éducation aux médias et à l'information sur le thème de l'égalité filles-garçons à partir de 3 entrées thématiques :
- L'apparence. « À quoi doit ressembler une fille ou un garçon ? » (cycle 1)
- Le comportement. « Fais-le comme une fille, comme un garçon » (cycle 2)
- Le devenir et les désirs d'orientation. C'est quoi un « métier de femme », un « métier d'homme » ? (cycle 3)

Lutter contre le harcèlement[5]

Votre école peut s'engager dans le programme de lutte contre le harcèlement à l'école (pHARe). Il existe aussi le prix « **Non au harcèlement** » qui a pour objectif de donner la parole aux élèves sur le harcèlement et le cyberharcèlement à travers la création **d'une affiche ou d'une vidéo**. Ce prix récompense les projets collectifs dénonçant ce phénomène ou proposant des solutions pour lutter contre le harcèlement entre pairs.

Exemple de l'affiche de l'école élémentaire Jean de La Fontaine à Neuilly-sur-Marne, académie de Créteil

4 https://www.clemi.fr/fr/zero-cliche.html
5 https://www.education.gouv.fr/non-au-harcelement-un-prix-pour-lutter-contre-le-harcelement-et-le-cyberharcelement-11603

Objectif 6
Eau propre et assainissement

6 EAU PROPRE ET ASSAINISSEMENT

Sous le vieux pont
L'eau, sous le vieux pont,
Coule, coule et chante.
L'eau, sous le vieux pont,
Berce de son chant
Les poissons d'argent.
Max Jacob
(1876-1944)

L'objectif 6 est de garantir l'accès de tous à des services d'alimentation en eau et d'assainissement gérés de façon durable.
Chaque année des millions de personnes, des enfants pour la plupart, meurent de maladies liées à l'insuffisance de leur approvisionnement en eau et à un manque d'installations sanitaires et d'hygiène. Aujourd'hui, 1 personne sur 5 n'a pas d'eau potable chez elle, à l'école ou au travail. Et 1 personne sur 4 connaitra une pénurie d'eau dans 20 ans... Cela est dû à l'augmentation de la population en ville, au développement des pays pauvres et au réchauffement climatique. L'eau douce est indispensable à la vie pour boire, se laver, produire notre nourriture, nos objets. L'eau que nous buvons représente 5 % de la consommation mondiale, l'agriculture 70 % et l'industrie 25 %. Et 80 % des eaux usées mondiales sont rejetées dans la nature, polluant tout sur leur passage... La sécheresse affecte également certains des pays les plus pauvres du monde, aggravant la faim et la malnutrition.

Source modifiée[1] : https://unric.org/fr/odd-6/

1 D'après l'Organisation des Nations unies.

Dans les programmes de l'école, on retrouve la notion d'eau dans :

- Le domaine de la **matière** du cycle 1 au cycle 3 (changement d'état de l'eau, mélanges et solutions)
- Le domaine du **vivant** avec les fonctions de nutrition : alimentation et digestion, besoins des végétaux
- En **géographie** avec la consommation d'eau : différents usages de l'eau, ressources et exploitation.

1. Imaginer et écrire avec l'atelier d'écriture poétique C2 C3

En s'appuyant sur un recueil de poésies sur le thème de l'eau, des ateliers d'écriture et des jeux poétiques développent l'imagination et l'approche sensible du monde qui nous entoure.

Compléter un poème

Proposer aux élèves d'écrire la suite d'un poème, en lien avec la thématique de l'eau. Voici un exemple à partir du poème de Philippe Soupault, « Pour la liberté » in *Poésies pour mes amis les enfants*.

Pour la liberté

Laissez chanter
l'eau qui chante
Laisser courir
l'eau qui court
Laissez vivre
l'eau qui vit
L'eau qui bondit
L'eau qui jaillit
Laissez dormir
l'eau qui dort
Laissez mourir
l'eau qui meurt.

Philippe SOUPAULT

Exemple de production d'un élève :

Laissez couler
l'eau qui descend de la montagne
l'eau qui coule dans mon corps
Laissez chauffer
l'eau qui réchauffe
Laissez boire
l'eau pour les plantes et les animaux
Laissez rêver
La goutte d'eau qui coule sur le carreau

Une autre technique est celle **du grignotage.** Elle consiste à proposer aux élèves une moitié de poésie comme si elle avait été grignotée par une souris. Les élèves imaginent et écrivent la partie « grignotée ». Dans un second temps, ils/elles comparent leur production avec la poésie originale. Voici un exemple à partir du poème de Francis Carco, *L'Averse*.

Texte grignoté	Texte original
L'averse Un arbre tremble .... Les volets .... Comme il a plu, l'eau .... Des feuilles .... Qui les disperse et, brusquement, il	L'averse Un arbre tremble sous le vent. Les volets claquent. Comme il a plu, l'eau fait des flaques. Des feuilles volent sous le vent Qui les disperse et, brusquement, il pleut averse. *Francis Carco*[2]

Jouer avec les mots

Le **mot-valise** est un stimuli de l'écriture qui consiste à créer un mot en utilisant une partie commune à deux autres. Les élèves donnent ensuite une définition du mot, comme dans le dictionnaire.
Par exemple, toujours sur le thème de l'eau :

- Océan et anchois, c'est un océanchois (n. m.) : C'est un océan riche en anchois.
- Sable et bleuir, c'est sableuir (v.) : Quand le sable devient bleu. *Ex.* À la pleine nuit, les plages bretonnes sableuissent.

Pour aller plus loin

- L'ouvrage de Dominique Mégrier, *Ateliers d'écriture à l'école élémentaire*[3], décrit des situations riches pour développer l'imagination et la création poétique à partir du cycle 2.

2. Visiter une station d'épuration puis nettoyer de l'eau sale C3

En lien avec le programme de sciences et celui de géographie, la visite d'une station d'épuration renvoie à de nombreuses questions de développement durable notamment liées à la consommation d'eau en France (thème 3 du programme de géographie en CM1) : Quels sont les besoins en eau potable ? Quels sont les réseaux d'eau, quel assainissement ? Comment mesurer la qualité de l'eau ? Comment nettoyer l'eau sale ?

Pour mettre en œuvre un protocole de séparation de constituants d'un mélange (programme de sciences du cycle 3), vous mettez vos élèves **au défi de nettoyer de l'eau sale** (voir une proposition de déroulé de séquence sur Lea.fr). Avant de débuter la séquence, vous mélangez dans des bouteilles de l'eau avec de la terre, du sable, des graviers, des brindilles, des bouts de plastiques et de papier d'aluminium, des papiers divers comme des papiers de bonbons, des morceaux d'emballages...

Lors de la structuration des connaissances, en fin de séquence, vous ferez le parallèle entre la situation problème vécue par les élèves et le cas des eaux sales d'une ville observées lors de la visite d'une station d'épuration.

---

2 Francis Carco, *Poèmes en prose*, éditions Albin Michel, 1er décembre 1985.
3 Dominique Mégrier, *Ateliers d'écriture à l'école élémentaire*, tome 1, Pédagogie pratique, Éditions Retz.

Pour aller plus loin:

- Dans l'ouvrage ***Sciences à vivre***, la séquence « À prop'eau » permet aux élèves de CM1-CM2 de comprendre les procédés utilisés pour nettoyer les eaux usagées.
- La **Fondation La main à la pâte** développe des activités en 3 étapes:
  - Étape 1: Comment nettoyer un échantillon d'eau sale?
  - Étape 2: Découverte du fonctionnement d'une station d'épuration.
  - Étape 3: Une eau limpide est-elle potable? Pure?

  https://fondation-lamap.org/sequence-d-activites/l-eau-une-ressource-rare-a-proteger
- Depuis 2018, La Fondation La main à la pâte a également lancé la chaine YouTube « **Billes de sciences**[4] ». Cette chaine est animée par des vidéastes scientifiques qui présentent, dans un format court et accessible, des expériences originales et stimulantes à faire en classe, suivies d'un éclairage scientifique. Ces vidéos sont destinées aux enseignant.e.s pour mieux comprendre une notion et leur donner des idées d'expériences à faire en classe.
- Dans la malle **« Échos d'escale » de la Fondation Tara Océan**, vous trouverez également de nombreuses fiches éducatives en fonction des escales du bateau. Les fiches n° 19[5] cherchent à répondre à la question: Comment obtenir une eau propre à la consommation?

---

4 https://www.youtube.com/c/Billesdesciences/playlists
5 https://echosdescale.fondationtaraocean.org/la-malle-pedagogique/

Objectif 7
Énergie propre et d'un coût abordable

Une ressource en énergie est dite « renouvelable » lorsqu'elle se renouvelle assez rapidement pour être considérée comme inépuisable à l'échelle de temps humaine. Les énergies renouvelables sont alimentées par le soleil, le vent, la chaleur de la Terre, les chutes d'eau, les marées...

7 ÉNERGIE PROPRE ET D'UN COÛT ABORDABLE

L'objectif 7 est de garantir l'accès de tous à des services énergétiques fiables, durables et modernes, à un coût abordable

L'énergie est au centre de presque tous les défis majeurs, mais aussi des perspectives prometteuses, qui se présentent au monde aujourd'hui. Qu'il s'agisse d'emplois, de sécurité, de changement climatique, de production de nourriture ou d'accroissement des revenus, l'accès de tous à l'énergie est essentiel. Mettre l'accent sur l'accès universel à l'énergie, l'augmentation de l'efficacité énergétique et l'utilisation accrue des énergies renouvelables grâce à de nouvelles opportunités économiques et professionnelles est crucial pour créer des communautés plus durables et inclusives et une résilience face aux problèmes environnementaux tels que le changement climatique.

D'après l'Organisation des Nations unies : https://unric.org/fr/odd-7/

Dans les programmes, on retrouve le thème de l'énergie :

- En sciences : les besoins en énergie de l'être humain, les sources d'énergie, l'alimentation, les matériaux et objets techniques…
- En géographie : satisfaire les besoins en énergie - Consommer en France. Se déplacer. Mieux habiter.

Les enjeux sont de montrer que les énergies ne sont pas toutes renouvelables et que certaines sont plus polluantes que d'autres.

1. Défi technologique : fabriquer une éolienne ou un moulin à vent C1 C2 C3

En général, un défi technologique est lancé dans plusieurs classes en même temps avec un regroupement à la fin ou un espace de partage numérique pour comparer les productions. Au **cycle 1**, le défi sera de fabriquer un moulin à vent à partir d'un exemple proposé que les élèves essaieront de reproduire par exploration. À partir du **cycle 2**, le défi suit la démarche technologique[1].

Exemple de schéma à la réalisation d'un prototype dans une classe de cycle 3[2]

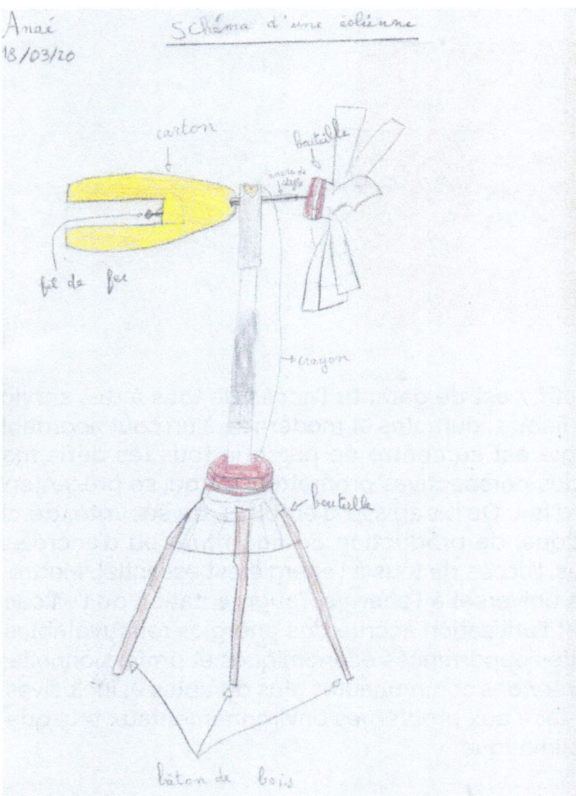

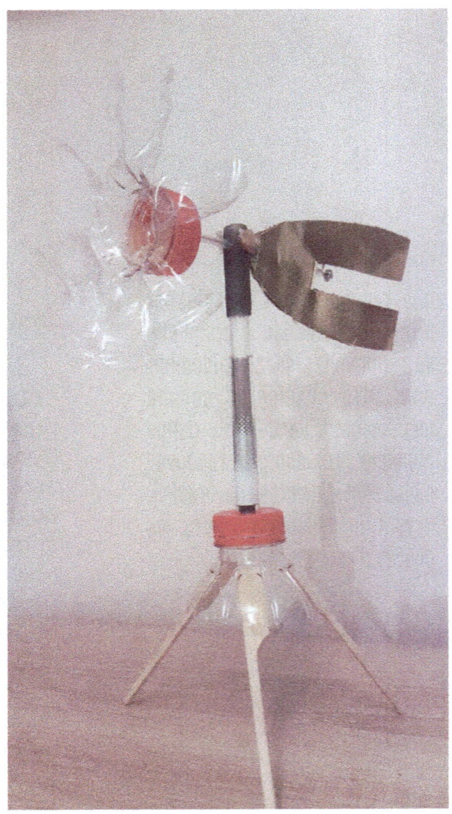

1 Voir sur Lea.fr, le document « Grandes lignes de la démarche d'investigation scientifique ».
2 Dans une classe de CM2 à Crac'h.

Cycles 2 et 3 : proposition de déroulé de séquence à partir de la démarche technologique[3]

Situation déclenchante	Présentation du projet et du défi à la classe : concevoir une éolienne ou un moulin à vent.
Problématisation	L'enseignant.e recueille les **conceptions initiales** des élèves : chaque élève réalise un schéma de son éolienne ou de son moulin à vent en précisant les matériaux utilisés. Les représentations des élèves sont confrontées, les divergences de point de vue font naitre de nouvelles questions. Certaines sont intéressantes pour l'enseignant.e car elles correspondent à ses objectifs : ce sont les questions productives correspondant à un **problème technologique**. Par exemple : - Comment concevoir des pales ? - Comment fixer des pales sur un axe mobile ?
Investigations technologiques	Les élèves conçoivent et recherchent des **solutions techniques** qu'ils/elles notent dans un **cahier des charges**. Par groupe de 3, les élèves réalisent un dessin précis de l'éolienne puis un **prototype** est fabriqué par chaque groupe avec un essai en extérieur.
Analyse des résultats	Les essais sont analysés et comparés avec des éoliennes du commerce avec des fiches techniques.
Structuration des savoirs	Élaboration d'une trace écrite, une synthèse, une leçon qui répond aux questions initiales et aux problèmes technologiques.
Évaluation	L'enseignant.e vérifie que les objectifs sont bien atteints.

Cycle 1 : proposition de parcours d'exploration

Exploration libre	Découverte d'un moulin à vent et essai en extérieur.
Premier moment de focalisation	Temps de langage : décrire et imaginer les actions de conception du moulin. « Connaissez-vous cet objet ? » « À quoi sert-il ? » « Pouvez-vous le décrire ? » « Vous allez en fabriquer un chacun et chacune… Comment devons-nous faire ? De quel matériel avons-nous besoin ? » On note les étapes de fabrication, le lexique (schéma légendé) et le matériel (un bouchon, une perle, épingle, pique à brochette en bois et une feuille carrée en papier).
Atelier dirigé	Fabrication des ailes du moulin (découper en suivant les lignes) et décoration
Atelier dirigé	Décrire le moulin modèle et le matériel. « Comment allons-nous assembler tout ce matériel pour fabriquer notre moulin ? » Construction et essai en extérieur.
Structuration	Remettre en ordre des images séquentielles pour retrouver l'ordre de conception. Décrire les actions de conception.
Évaluation	https://eduscol.education.fr/107/suivi-et-evaluation-des-apprentissages-des-eleves-l-ecole-maternelle
Prolongements	Laisser du matériel dans le coin « bricolage » pour refaire des moulins.

3 Voir sur Lea.fr, le document « Grandes lignes de la démarche d'investigation scientifique ».

Pour aller plus loin:

- Inscrire votre classe au **concours Ecoloustics** organisé au niveau départemental pour imaginer l'énergie de demain. Dans de nombreux départements, le Syndicat départemental d'énergie (SDE) sensibilise les élèves aux enjeux de la transition énergétique avec le programme Watty ou le concours Ecoloustics.
  Consulter le site SDE de votre département pour vous inscrire.
- Consulter le guide ***Les clés de l'énergie*** de Eco-Ecole[4] pour découvrir, enquêter et agir au sein de son école.
  Ce document présente des enquêtes et des initiatives inspirantes à partir de 4 grands thèmes :
  - Énergie et bâti.
  - Énergie et alimentation.
  - Énergie et numérique.
  - Énergie et déplacements.

  Sur Eduscol, vous trouverez de nombreuses séquences et activités de classe sur la notion d'air.

2. Organiser une sortie à vélo C2 C3 C4

Les déplacements en voiture individuelle ont des conséquences sur l'environnement et sur notre santé : pollution de l'air, bruit, embouteillages... Encourager les déplacements écoresponsables, à pied ou à vélo, participe à l'éducation au développement durable : **c'est l'écomobilité.** Elle vise plusieurs objectifs :

- Éducation physique et sportive : savoir rouler à vélo.
- Éducation à la santé.
- Éducation à la sécurité routière et APER (Attestation de première éducation à la route).
- Déplacements et pollutions de l'air.
- Déplacements et énergies.

Avant toute sortie à vélo, vous informez les intervenants bénévoles agréés des conditions de votre projet et mettez en place une séquence d'EPS « vélo » à l'école.

Exemple de situation de référence pour des élèves de cycle 3[5]

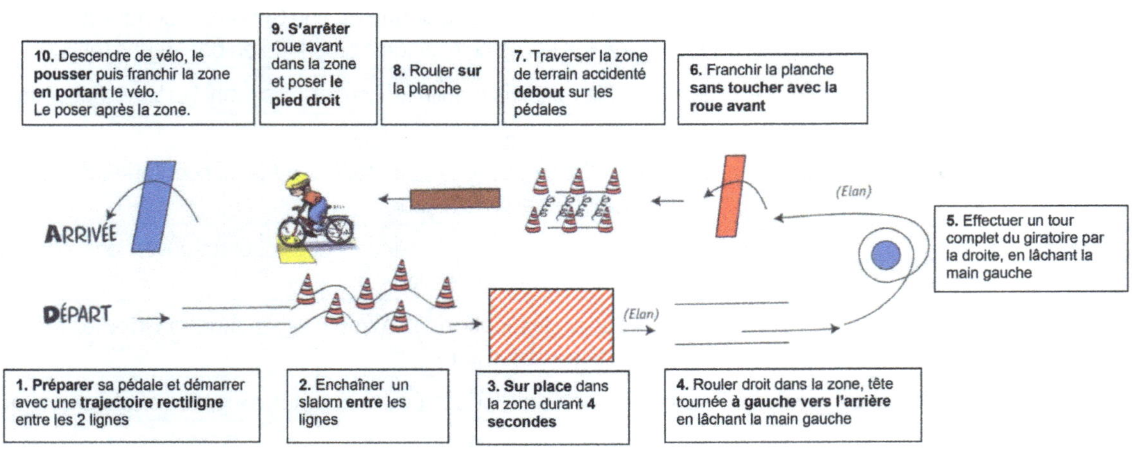

4 www.eco-ecole.org
5 Académie de Bordeaux, Alain LARRIEU CPC EPS, sur la base du document La sortie à vélo (EDEPS 64, Prévention MAIF 64, Usep 64).

Vous pouvez participer à l'opération « **Le p'tit Tour** » de l'**Union sportive de l'enseignement du premier degré (Usep)**. Cette opération nationale tournée vers les mobilités actives et l'éducation à la sécurité routière rassemble environ 75 000 élèves de 3 à 11 ans, à vélo et à pied, sur des parcours répartis sur l'ensemble du territoire. Elle se déroule chaque année du 1er mai au 30 juin et permet aux élèves de CM1 et CM2 de valider le « Savoir rouler à vélo » en empruntant des voies ouvertes à la circulation.

« Savoir rouler à vélo » en EPS (éducation physique et sportive)
Le programme « Savoir rouler à vélo » fait la promotion de la pratique d'une activité physique régulière, notamment auprès des plus jeunes qui sont de plus en plus touché.e.s par la sédentarité, tout en promouvant un mode économique et écologique de déplacement.
1. Savoir pédaler = maitriser les fondamentaux du vélo.
2. Savoir circuler = découvrir la mobilité à vélo en milieu sécurisé.
3. Savoir rouler à vélo = circuler en autonomie sur la voie publique.

L'Usep organise plusieurs activités sportives pour les enfants de l'école publique du cycle 1 au cycle 3 avec des conseillers et conseillères Usep qui vous accompagnent aussi dans vos projets.

Les « **Clés Usep d'une éducation au développement durable** » proposent des ressources numériques qui s'organisent en 6 thématiques, abordées en lien avec la pratique d'activités physiques et la rencontre sportive :
- La **biodiversité**, parce que les rencontres se déroulent souvent sur des sites naturels.
- Les **solidarités**, en écho aux rencontres sportives inclusives.
- Les **déplacements et énergies**, pour encourager les mobilités actives.
- Les **déchets**, générés par tout rassemblement sportif et qu'il convient de réduire et gérer au mieux.
- La **santé**, en mettant en correspondance le bien-être personnel et la préservation de l'environnement.
- Et enfin l'engagement pour un **sport durable**.

Pour chaque thème, un classeur numérique propose une fiche Repères, 1 fiche Atelier par cycle et 1 fiche Débat : https://usep.org/index.php/2019/10/03/les-cles-usep-dune-education-au-developpement-durable/

Pour aller plus loin

- La Fondation La main à la pâte propose un dossier complet « Je suis écomobile[6] » pour les élèves de cycle 3 avec 10 séquences et 52 activités de classe autour de 3 grandes parties :
  1. Les grandes inventions ayant marqué l'histoire des transports : le bateau, la roue, la bicyclette, le train, la voiture et l'avion.
  2. Les impacts du transport sur l'environnement et la qualité de vie.
     - Quels sont les avantages et inconvénients des transports ?
     - Évolution des transports et impacts sur l'environnement et la qualité de vie.
  3. L'écomobilité.
     - Mise en place d'un autobus pédestre.
     - Vers les transports de la ville idéale.

6 https://fondation-lamap.org/projet/je-suis-ecomobile

Objectif 8
Travail décent et croissance économique

8 TRAVAIL DÉCENT ET CROISSANCE ÉCONOMIQUE

Selon l'Organisation internationale du travail, **le travail des enfants** regroupe **l'ensemble des activités qui privent les enfants de leur enfance, de leur potentiel et de leur dignité, et nuisent à leur scolarité, santé, développement physique et mental.** Source : https://www.unicef.fr/dossier/exploitation-et-travail-des-enfants

L'objectif 8 est de promouvoir une croissance économique soutenue, partagée et durable, le plein-emploi productif et un travail décent pour tous.

Environ la moitié de la population mondiale vit encore avec l'équivalent d'environ 2 dollars par jour. Dans trop d'endroits, avoir un emploi ne garantit pas la capacité d'échapper à la pauvreté. La lenteur et le caractère inégal de ces progrès font que nous devons revoir et réorganiser nos politiques économiques et sociales visant à éliminer complètement la pauvreté.

Pour réaliser une croissance économique durable, il faut que les sociétés créent les conditions garantissant aux gens des emplois de qualité qui stimulent l'économie sans avoir des effets nocifs sur l'environnement.

D'après l'Organisation des Nations unies : https://unric.org/fr/odd-8/

À l'école, ce thème est présent dans les programmes suivants :

- Dès le cycle 2 dans la partie « Questionner le monde : comparer quelques modes de vie des hommes et des femmes, et quelques représentations du monde ».
- Au cycle 3, en EMC et en géographie : volet économique du thème 3 de CM2 « Mieux habiter » et la notion d'écoquartier ; thème 2 de CM1 « Se loger, travailler, se cultiver, avoir des loisirs en France ».

1. S'interroger sur l'origine de ce que l'on achète à partir d'un exemple : les marchés dans le monde C2

Prenons l'exemple des marchés en privilégiant une démarche d'investigation par comparaison de différents marchés dans le monde.

Séance 1 : qu'est-ce qu'un marché alimentaire local ?
Réponse individuelle des élèves sous forme de dessin, texte écrit ou carte mentale.
Faire une synthèse des réponses : les métiers, les aliments, les odeurs, les couleurs, les bruits…
Mettre en place une confrontation qui fait apparaitre des questions productives :

- Quels aliments sont vendus au marché ?
- Comment sont-ils présentés ?
- D'où viennent les aliments ? Qui les produit ?
- Comment sont-ils transportés ?
- Où a lieu le marché ?

Recherche d'investigations pour répondre aux questions : aller au marché, demander à un vendeur du marché de venir à l'école, observer des photographies ou des films…

Séance 2 : découverte du marché le plus proche de l'école.
Sortie au marché le plus proche de l'école ou recherche en atelier à partir de photographies d'un marché (si possible celui du village, de la ville ou du quartier).
Mise en commun des écrits des élèves et rédaction d'une synthèse collective sous forme de dictée à l'adulte en apportant le vocabulaire spécifique :

- Les métiers : boucher, fromager, boulanger, glacier, poissonnier, vendeur de fruits et légumes…
- Les différents lieux : places, trottoirs, halles…
- Les objets : table, stand, camion, balance, caisse, ustensile…

Séance 3 : observation d'autres marchés dans le monde.
Par atelier, les élèves observent un corpus de photographies d'un même pays en légendant par exemple chaque image. Il est possible d'utiliser les ressources Eduscol[1] qui proposent des photographies du Cambodge, du Burkina Faso, de la Tunisie et du Brésil.

1 http://cache.media.education.gouv.fr/file/CE1_les_marches/19/8/8_RA16_C2_QMON_Seance_3_Annexe_Les_marches_dans_le_monde_DM_566198.pdf

Lors de la mise en commun, chaque atelier présente ses observations pendant que les autres élèves, individuellement complètent un tableau :

	Près de l'école en France	Dans un autre pays
Où a lieu le marché ?		
Quels sont les aliments vendus aux marchés ?		
Comment les aliments sont-ils présentés ?		
Comment les aliments sont-ils transportés ?		

Lors de la synthèse, noter les nouvelles questions et remarques des élèves.

Séance 4 : comparaison entre un marché local et à l'étranger.
L'ensemble des travaux sont repris et une synthèse est réalisée.

Autres pistes à partir du thème des marchés :
En histoire, comparer avec des photographies d'autrefois pour observer les points communs et les différences.

Objectif 9 Industrie, innovation et infrastructure

9 INDUSTRIE, INNOVATION ET INFRASTRUCTURE

L'objectif 9 est de bâtir une infrastructure résiliente, promouvoir une industrialisation durable qui profite à tous et encourager l'innovation. Les investissements dans l'infrastructure (le transport, l'irrigation, l'énergie, les technologies de l'information et de la communication) sont essentiels pour parvenir au développement durable et à l'autonomisation des communautés dans de nombreux pays. Le progrès technologique est à la base des efforts entrepris pour atteindre les objectifs environnementaux, tels que l'utilisation optimale des ressources et de l'énergie.

À l'école, l'innovation passe aussi par une autre forme d'éducation comme « Faire classe dehors » ou l'innovation par l'aménagement de l'école. Dans sa lettre aux professeur.e.s du 27 juin 2022, **Pap Ndiaye**, le ministre de l'Éducation nationale, écrit à ce propos que « cela inclut une refonte de nos actions avec les collectivités territoriales sur le bâti scolaire ».

Source modifiée[1]: https://unric.org/fr/odd-9/

L'exemple des **cours Oasis** permettant de créer des espaces rafraichis à l'école montre que **l'innovation** est possible. Ces cours améliorent le bien-être des enfants, accroissent la biodiversité, permettent l'infiltration de l'eau et diversifient les jeux pendant la récréation.

1 D'après l'Organisation des Nations unies.

1. Végétaliser la cour d'école C1 C2 C3 C4

L'aménagement et la végétalisation d'une cour sont un projet qui engage tous les enfants d'une école mais aussi des partenaires (élu.e.s, services techniques, parents, architecte...). Pour vous accompagner dans ce projet, vous pouvez contacter des professionnels de l'aménagement comme le **CAUE (Conseil d'architecture d'urbanisme et de l'environnement)** de votre département ou une ONG, ONG Bleu Versant, par exemple. Attention cependant à bien mettre les élèves au cœur de ce projet participatif et coopératif. Pour eux, la cour répond à de nombreux besoins:

- Créer un espace sécure, accessible et inclusif pour tous les enfants (sécurité et inclusion).
- Jouer, courir, sauter... avec des équipements et des jeux variés (activité physique et sportive).
- Se protéger de la pluie et du soleil (les **cours oasis**, par exemple).
- Se détendre, échanger dans des coins plus calmes avec des bancs.
- Observer et protéger la nature avec différents espaces verts et un poulailler.
- Aller aux toilettes en toute sécurité.

Pensez également à donner autant d'espace aux filles qu'aux garçons (voir ODD 5[2]).

Photographies d'un début de végétalisation d'une cour d'école[3]

Les différentes étapes du projet:

- Objectif principal: mobiliser l'ensemble des élèves de l'école pour aménager la cour de l'école.
- En conseil des maitres, à partir du tableau p. 13, compléter les différents axes: analyse des composantes actuelles de la cour et première carte mentale du conseil des maitres avec les travaux potentiels, règles de sécurité, jeux, végétaux, espaces, déplacement des élèves, toilettes, surveillance...
- Présentation du projet au conseil d'école.
- Avec les élu.e.s municipaux.ales, recherche d'un partenaire pour l'aménagement (ONG, CAUE...).
- Présentation du projet dans les classes.
- En classe: schémas, maquettes de la cour actuelle avec les différents espaces, les jeux, les déplacements des élèves, les marquages au sol, les équipements, les arbres.
- Diagnostic de la cour actuelle. Par exemple: beaucoup de bitume qui empêche

2 p. 33

3 Début de la végétalisation de la cour de l'école Per Jakev Hélias Belz.

l'infiltration d'eau et stocke la chaleur, peu d'ombre, chaleur dans les classes, tensions et bagarres dans la cour, terrain de foot au centre de la cour qui prend beaucoup de place, pas d'espace pour déposer les vélos ou les trottinettes des enfants…

- Imaginer et dessiner la cour de tes rêves. Puis comparaison des productions des différentes classes.
- Inventaire des besoins: faire un sondage auprès des élèves, parents, personnels communaux…
- Comparer notre cour avec d'autres cours: jeux, égalité filles/garçons, activités physiques, jardins, rangement des vélos, infiltration de l'eau de pluie, récupérateur d'eau, mare, liste des végétaux, préau, surfaces au sol, poulailler.
- Faire un bilan des points positifs ainsi que des aspects à améliorer de la cour.
- Schéma et maquette de la future cour en positionnant les éléments qui resteront en place dans le nouvel aménagement: les arbres, les clôtures, les équipements… et les nouveautés avec des flèches pour indiquer les déplacements et des couleurs pour les nouvelles zones (vertes, jeux, équipements, marquages au sol, bancs…), préciser où va l'eau de pluie[4].
- Présentation du nouveau plan ou maquette au conseil d'école.
- Recherche d'un financement.
- Concertation avec les élu.e.s, les agent.e.s techniques, un architecte, un paysagiste…
- Début des travaux.
- Évaluation et bilan du projet.

Pour aller plus loin

- Le ministère de l'Éducation et de l'Enseignement supérieur du Québec a conçu un guide complet et pratique pour aménager une cour d'école: http://www.education.gouv.qc.ca/etablissements-scolaires-publics-et-prives/amenagement-dune-cour-decole-primaire/

Il est possible de s'inspirer également de l'expérience Archiclasse. De l'analyse de la problématique initiale à la réalisation finale, Gaëtan Mazaloubeaud, designer, présente toutes les étapes du projet de rénovation de la cour de récréation de l'école du Vivarais à Guilherand-Granges (académie de Grenoble): https://archiclasse.education.fr/La-cour-d-ecole-de-demain

2. Visiter une ferme aquaponie puis concevoir C4 ou comprendre C3 un système d'aquaponie en classe

En classe, ce projet de construction s'adresse surtout aux élèves de cycle 4 mais peut être réalisé ou abordé en cycle 3 si vous êtes accompagné.e par un.e partenaire scientifique.

La Fondation La main la pâte décrit un module réalisé par des élèves de cycle 4 en collaboration avec des étudiant.e.s ingénieur.e;s: https://fondation-lamap.org/sites/default/files/pdf/comment-produire-et-nourrir-autrement.pdf

4 Se renseigner auprès des agences de l'eau: https://www.lesagencesdeleau.fr/

Schéma de construction d'un système d'aquaponie[5]

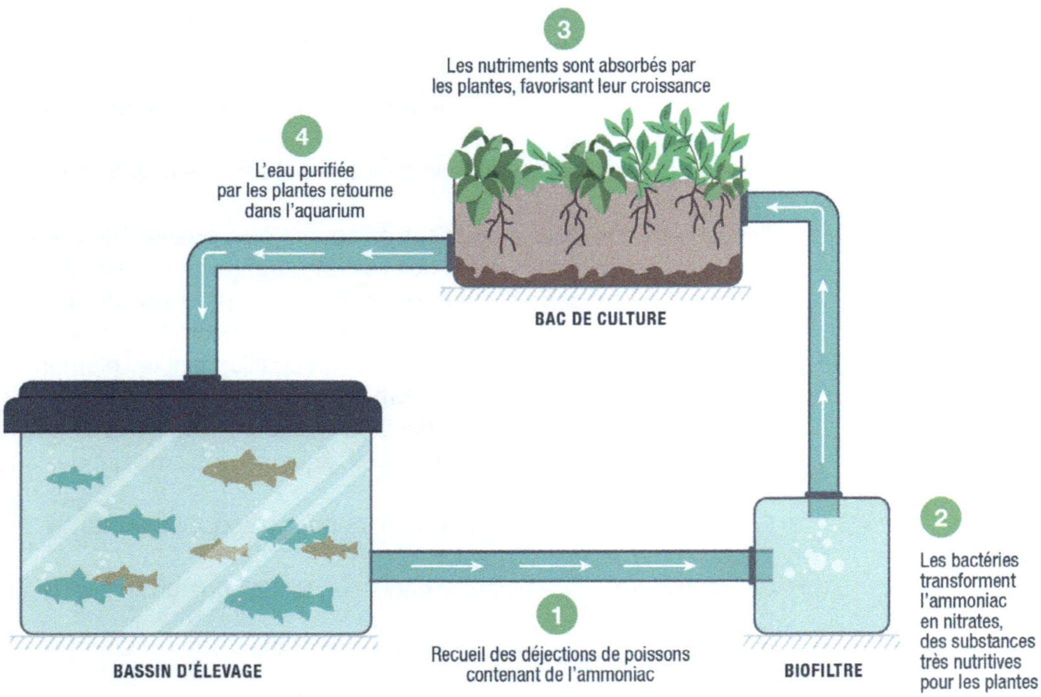

Qu'est-ce que l'aquaponie ?

Ce terme vient du mot « aquaculture » qui signifie l'élevage de poissons et du mot « hydroponie » qui signifie la culture de plantes hors sol. Cela ne veut pas dire que les plantes volent pour pousser. Elles n'ont simplement pas besoin d'être dans la terre pour se nourrir de nutriments parce qu'elles sont arrosées avec de l'eau qui est pleine de nutriments. Ce sont donc des plantes que l'on fait pousser dans l'eau.

Comment fonctionne l'aquaponie ?

C'est un système dans lequel on a un premier bassin avec de l'eau et des poissons vivants qui nagent, qui mangent et qui font des déjections. L'eau de ce bassin est récupérée dans un autre bassin où des bactéries mangent ces déjections de poissons. Les bactéries transforment l'ammoniac qui est présent dans l'eau en nutriments dont se nourrissent les plantes. Cette eau est pompée, et par ce système, des salades, des fraises... sont arrosées au goutte-à-goutte. Elles vont à leur tour purifier cette eau qui repart dans le bassin des poissons. C'est un circuit fermé. À la fin, il n'y a plus qu'à récolter les salades et les fraises.

Est-ce une méthode écologique ?

Oui, car comme il n'y a pas de terre, il n'y a pas de « bêtes ». On peut utiliser un peu de pesticides mais le but est de ne pas en utiliser du tout. C'est un système qui peut faire pousser beaucoup de plantes sans terre. Rappelons que nous sommes de plus en plus d'habitants sur Terre. En 2050, selon l'**Onu**, nous serons 10 milliards d'êtres

---

5 Extrait de « *Le Climat entre nos mains – Changement climatique et terres émergées, Manuel à l'usage des enseignants du primaire et du secondaire* », Office for Climate Education (OCE), Paris, 2022 , disponible gratuitement sur : www.oce.global

humains à **nous nourrir par l'agriculture.** La majorité de la population mondiale vit en milieu urbain sans espace pour cultiver et donc produire de la nourriture. Nous sommes dépendants de la campagne. Et comme les villes s'agrandissent, il y a de moins en moins de campagnes.
L'aquaponie est une des solutions pour se nourrir. Il est possible d'installer des aquaponies dans un hangar ou sur le toit d'un immeuble et faire pousser des salades à la verticale sur de simples étagères. Cette culture a un autre avantage : pouvoir récolter ces salades sur son toit et les vendre directement dans un magasin au pied de son immeuble, par exemple. On économise ainsi sur le transport et donc sur l'émission des gaz à **effet de serre**. On appelle cela le circuit court.

L'aquaponie est une solution de **développement d'agriculture que l'on appelle durable** c'est-à-dire une agriculture respectueuse de l'environnement qui aide à économiser nos ressources. Ce n'est pas la seule technique d'agriculture durable, il y en a d'autres : l'agriculture biologique sans pesticides, l'irrigation au goutte-à-goutte en faisant des économies d'eau ou encore la permaculture où sur une même parcelle, il est possible de faire pousser en même temps plusieurs plantes.

Source modifiée : https://www.lumni.fr/video/quest-ce-que-laquaponie-25-mars

---

En cycle 3, commencer par visiter une ferme aquaponie pour observer et comprendre le fonctionnement du système.
De retour en classe, demander aux élèves de schématiser le principe de fonctionnement d'une ferme aquaponie et comparer avec un système scientifique.
Consigne : « Comparer les besoins des poissons et des végétaux : respiration, alimentation, lumière. »

Les élèves complètent un tableau :

Besoins	Poissons	Plantes vertes
Alimentation		
Respiration		

Montrer les avantages de ce système et à quels problèmes environnementaux l'aquaponie répond.

Photographies d'un système d'aquaponie dans une classe Ulis (réalisé avec un partenaire scientifique).

Objectif 10 Inégalités réduites

Les notions de liberté, d'égalité et de fraternité ne sont pas nouvelles. L'ODD 10 défini par l'ONU montre que ces notions sont toujours d'actualité…

10 INÉGALITÉS RÉDUITES

L'objectif 10 est de réduire les inégalités dans les pays et d'un pays à l'autre.
Si les inégalités de revenus entre les pays ont pu être réduites, les inégalités internes se sont quant à elles accrues. On s'accorde de plus en plus à reconnaitre que la croissance économique ne suffit pas pour réduire la pauvreté si elle n'est pas bénéfique pour tous et ne concerne pas les trois dimensions du développement durable, c'est-à-dire économique, sociale et environnementale.

D'après l'Organisation des Nations unies : https://unric.org/fr/odd-10/

À l'école, ce thème est principalement présent en EMC et en géographie.

1. Comparer des modes de vie d'écoliers et d'écolières dans différentes régions du monde C2

Questionner l'espace en explorant les organisations du monde est au programme du cycle 2. La notion de comparaison est essentielle car elle permet à l'élève de passer d'un espace autocentré à un espace géographique.
Dès le CP, on peut comparer les caractéristiques de l'école dans différentes régions du monde. Dans un premier temps, les élèves étudient leur environnement en classant des étiquettes dans différents thèmes comme :

- Le mode de locomotion pour venir à l'école.
- Les activités scolaires.
- Les outils de la classe.
- La récréation.
- Les tenues.

Ces étiquettes sont disponibles sur Eduscol : http://cache.media.education.gouv.fr/file/Ecole_en_Tanzanie/12/5/RA16_QMON_3_Seance1-annexe2_640125.pdf

Exemples d'étiquettes[1]

Lors de la séance suivante, proposer d'étudier la vie d'une écolière de Tanzanie en s'appuyant sur une vidéo « Mon école en Tanzanie[2] ». Puis inviter les élèves à comparer les modes de vie des écoliers et des écolières en France et en Tanzanie en décrivant les différences et les points communs.

1 https://eduscol.education.fr/document/14275/download
2 France TV/Lumni : https://enseignants.lumni.fr/videos/liste?search=mon%20%C3%A9cole%20en%20tanzanie&fiche-media=00000002906

Prolongements possibles :

- Visualiser le film réalisé par Pascal Plisson « Sur le Chemin de l'école ».
- S'interroger sur le travail des enfants dans le monde et le droit des enfants à aller à l'école à partir des courtes vidéos 1 jour, 1 question :
  - Pourquoi dans certains pays les enfants travaillent au lieu d'aller à l'école ?[3]
  - Tous les enfants du monde ont-ils le droit d'aller à l'école ?[4]

2. Créer un jeu de cartes défi littéraire à partir d'un recueil d'albums jeunesse C3

Dans un premier temps, présenter le projet aux élèves : « Vous allez créer des cartes avec une question au recto et la réponse au verso à partir de plusieurs livres que nous allons lire. Nous pourrons alors jouer en classe ou transmettre notre jeu de cartes à une autre classe. »

Pour chaque élève, le défi littéraire sera ici de répondre aux questions écrites par ses camarades.

Le premier album présenté aux élèves peut être ***Ruby Tête haute***[5]. Cette histoire vraie se déroule dans la Louisiane des années 1960 où Blancs et Noirs ne se mélangent pas. Ruby ne peut pas étudier à l'école près de chez elle, réservée aux Blancs : elle doit se rendre dans une autre école, bien plus loin de sa maison. Mais la ségrégation vit ses dernières heures et, à la rentrée de ses 6 ans, Ruby est la première enfant noire à intégrer une école de Blancs. L'hostilité de la population est immense et, arrivée en classe, Ruby est la seule élève… C'est le début d'une année terrible qui marquera sa vie. Ruby Bridges a été érigée en symbole de la lutte pour les droits civiques, notamment en devenant le sujet du célèbre tableau de Norman Rockwell, *The Problem We All Live With*, où on la voit sur le chemin de l'école escortée par quatre marshalls fédéraux. Elle est aujourd'hui la porte-parole de la Ruby Bridges Foundation, fondée en 1999 pour promouvoir « **les valeurs de la tolérance, du respect et de l'appréciation des différences** ».

Toute la classe commence par lire et étudier l'album *Ruby Tête haute*. Puis les élèves commencent à écrire des cartes à partir de cette première lecture.

Par la suite, proposer des lectures par atelier sur la base d'un recueil d'albums jeunesse. Inviter les élèves à écrire des questions et des réponses à partir de contraintes ou d'un thème choisi : les inégalités, le racisme, la pauvreté… Ces questions et réponses sont testées en classe.
Les cartes sont ensuite créées avec une question au recto et la réponse au verso. Celles-ci peuvent être illustrées.

---

3 https://www.lumni.fr/video/pourquoi-dans-certains-pays-les-enfants-travaillent-au-lieu-d-aller-a-l-ecole

4 https://www.lumni.fr/video/tous-les-enfants-du-monde-ont-ils-le-droit-daller-a-lecole

5 Irène Cohen-Janca et Marc Daniau, Éditions des éléphants.

Pour aller plus loin

- Le ministère de l'Éducation nationale et de la Jeunesse met à la disposition des enseignant.e.s, à titre indicatif, des listes d'œuvres[6] et d'ouvrages pour les aider à choisir des lectures à proposer aux élèves, conformément aux programmes de l'école primaire. Ces sélections ont pour but de développer chez les élèves la pratique et le gout de la lecture tout en transmettant une première culture littéraire.

3. Un débat philosophique autour de la question : est-ce que tout le monde est pareil ?

Dans un premier temps, inviter les élèves à répondre individuellement et par écrit à la question : « **Est-ce que tout le monde est pareil ?** »
Lors de la mise en commun, les enfants commencent souvent par les différences physiques (couleur de peau, taille), de genre (fille ou garçon), d'âge puis les différences de caractère, d'origine sociale (riche/pauvre), de religion, de langue…
Vous pouvez ensuite alimenter les échanges oraux par des questions du type :

- Quelle distinction entre différence et inégalité ?
- Quels sont les points communs à tous les humains ?
- Quels sont les besoins des humains ? alimentaire, sécurité mais aussi besoin d'amour…
- Sommes-nous comme les animaux ?

À la suite du débat, chaque élève complète le tableau ci-après :

Est-ce que tout le monde est pareil ?	
NON	OUI

Pour aller plus loin

- La Fondation La main à la pâte reprend ce thème et propose une séquence pour des élèves de cycle 2 « Tous pareils, tous différents ».

6 https://eduscol.education.fr/114/lectures-l-ecole-des-listes-de-reference

Objectif 11
Villes et communautés durables

Quelle est la place des enfants en ville ? Existe-t-il vraiment des espaces pour eux, pour elles, pour jouer et faire l'expérience de la nature ? À New York, se trouve désormais un parc où les parents ne sont pas autorisés...
No parents allowed! https://cv-prd.org/2021/12/05/new-york-citys-riskiest-park-playgroundnyc/

L'objectif 11 est de faire en sorte que les villes et les établissements humains soient ouverts à tous, sûrs, résilients et durables.
Le monde est de plus en plus urbanisé. Depuis 2007, **plus de la moitié de la population mondiale vit dans des villes**, et cette proportion devrait augmenter à 60 % d'ici à 2030.
Les villes et les zones métropolitaines sont des pôles de la croissance économique, contribuant à près de 60 % du produit intérieur brut mondial. Cependant, elles représentent aussi près de 70 % des émissions de carbone dans le monde et plus de 60 % des ressources utilisées.
L'urbanisation rapide se traduit par un nombre croissant de personnes vivant dans des taudis, ainsi que par des infrastructures et des services inadéquats et surchargés (tels que la collecte des déchets et les systèmes d'approvisionnement en eau et d'assainissement, les routes et le transport), aggravant la pollution atmosphérique et l'expansion urbaine non planifiée.
L'Organisation des Nations unies pour l'alimentation et l'agriculture (FAO) a averti que, sans des mesures adéquates visant à garantir **l'accès des plus pauvres et des plus vulnérables à la nourriture**, la faim et le nombre de décès pourraient augmenter considérablement dans les zones urbaines.

D'après l'Organisation des Nations unies :
https://www.un.org/sustainabledevelopment/fr/cities/

À l'école, des villes revoient l'aménagement de la cour ou du bâti scolaire, comme les cours Oasis à Paris. Des classes commencent aussi à « faire classe dehors » et suivent ainsi l'exemple de nombreux autres pays : Danemark, Allemagne, Australie, Belgique, Canada...

1. Créer une exposition sur le thème de la ville C2 C3

Au-delà de l'habitat individuel : cette séquence permet de dépasser l'image « naïve » de la maison écologique isolée sur sa colline. Les élèves comprennent que l'habitat collectif est plus écologique que l'habitat individuel (car il permet des économies d'énergie et de matériaux) et qu'un habitat n'est véritablement écologique que s'il est intégré au sein d'un environnement qui l'est également. Les élèves étudient les principes d'un **écoquartier** et proposent des évolutions de leur propre quartier.

Ce projet est organisé sur plusieurs séances.

Séance 1 : débat.
Dans un premier temps, présenter le projet d'une exposition sur le thème de la ville. Demander aux élèves de dessiner et de décrire individuellement leur ville idéale. Lors de la mise en commun, des points communs et des divergences apparaissent : maison, appartement, villa, piscine, jardin, transports, parcs, commerces, équipements sportifs et culturels...
Lancer une nouvelle recherche individuelle pour répondre aux questions : à quoi sert un logement ? Quelles sont les différentes fonctions de l'habitat ? De quoi manquent les personnes qui n'ont pas de logement ?

À l'issue de la confrontation des réponses, une synthèse sous forme de tableau est proposée[1] :

Besoin vital	Besoin non vital
Se protéger du froid, de la chaleur, de la pluie, du vent... Dormir, cuisiner et manger Ranger ses affaires Se laver et aller aux toilettes	Jouer, lire, regarder les écrans, communiquer Se protéger du bruit Se protéger des voleurs Recevoir la famille et les amis Télétravailler

Séance 2 : quels sont les différents types d'habitats dans le monde ?

1 https://fondation-lamap.org/sites/default/files/sequence_pdf/quels-habitats-pour-quels-besoins.pdf

Donner la première consigne : « Observez la photographie[2] et décrivez les conditions de vie des enfants qui habitent deux quartiers voisins et si différents. »

Lors de mise en commun des réponses, encourager la réflexion et l'analyse en proposant par exemple de compléter en collectif un tableau :

	Quartier pauvre	Quartier huppé
Logement		
Alimentation		
Hygiène		
Santé		
Éducation		
Loisirs		

Donner la deuxième consigne : « Vous devez associer des habitats-types à des paysages. » Ce travail se fait en atelier à partir des photographies ci-contre. Vous trouverez les ressources sur le site de la Fondation La main à la pâte[3].

2 Issue du poster GoodPlanet « Objectif de développement durable », Fondation GoodPlanet : https://www.goodplanet.org/fr/posters-goodplanet-objectifs-de-developpement-durable/

3 « Ma maison, ma planète… et moi », issue du projet thématique *Ma maison, ma planète… et moi !*, paru aux Éditions Le Pommier : https://fondation-lamap.org/sequence-d-activites/quels-habitats-pour-quels-besoins

Ce travail nécessite une observation fine des paysages et des habitats.
Lors de la mise en commun, associer les habitats, les paysages et les pays[4]. Afin d'éviter les erreurs, demander aux élèves d'argumenter à partir de l'observation et de la description :

- Des paysages : climat, végétation, ressources naturelles.
- Des habitats : architecture et matériaux (bois, paille, pierre, béton…).

Vous pouvez aussi montrer des vidéos de certaines villes ou pays.

Séance 3 : en atelier, les élèves réalisent ensuite une maquette d'un type d'habitat d'un pays.
Chaque élève choisit un habitat. Puis en atelier, les élèves réalisent un schéma de leur maquette en décrivant les matériaux et en définissant les couleurs.
En collectif, le choix des matériaux est argumenté : carton, bois, plastique, papier, fil, tissu…

Séance 4 : réalisation de la maquette.

Séance 5 : exposition.
L'exposition peut se présenter dans la classe, à l'entrée de l'école, à la mairie, à la médiathèque… en invitant les autres classes et les parents.

4 https://fondation-lamap.org/sites/default/files/sequence_pdf/quels-habitats-pour-quels-besoins.pdf

▼ **Photographies d'une exposition dans une école : les favelas du Brésil et des maisons sur pilotis.**

Prolongements possibles[5] **:**

- Inégalités d'accès aux ressources : les élèves constatent que les richesses et les ressources naturelles (notamment l'eau) sont inégalement réparties sur Terre, et que les émissions de gaz à effet de serre sont liées, en partie, à l'énergie consommée dans l'habitat.
- L'énergie dans l'habitat.
- L'eau dans l'habitat.
- Matériaux de construction et environnement.

2. Débattre en classe sur la pollution de l'air et ses conséquences sur la santé C2 C3 C4

Décrivons une séance de débat :

L'objectif est de relier des connaissances acquises en sciences et technologie à des questions de santé, de sécurité et d'environnement.

En situation déclenchante, les élèves observent des photographies montrant la pollution en ville. Puis, au tableau, l'enseignant.e note les premières remarques et questions :

- La pollution de l'air peut-elle être naturelle ?
- Y a-t-il des conséquences de cette pollution sur notre santé ? Lesquelles ?
- Quels sont les responsables de ces pollutions ?
- Comment réduire la pollution de l'air ?

La consigne est donnée : pour préparer notre débat, vous lisez différents documents. En binôme, vous allez écrire des questions et leurs réponses à partir

5 À partir du guide *Ma maison, ma planète… et moi !* : https://fondation-lamap.org/projet/ma-maison-ma-planete-et-moi

de différents documents (par exemple, celui de l'ADEME « La pollution de l'air en 10 questions »).
Chaque binôme se concentre sur l'un des thèmes suivants :

- Un air moins pollué, c'est possible !
- Qui est responsable de la pollution de l'air ?
- Où et quand l'air est-il le plus pollué ?
- Comment la pollution de l'air a-t-elle évolué ces 20 dernières années ?
- Quelles conséquences sur la santé ?
- Les pics de pollution sont-ils dangereux pour la santé ?
- Est-on plus exposé en voiture ou à vélo ?
- Est-ce efficace de porter un masque pour se protéger de la pollution ?
- Quelles conséquences sur l'environnement ?
- Que font les pouvoirs publics pour améliorer la qualité de l'air ?
- Que peut-on faire en tant que citoyen ?

Débat : La classe s'organise spatialement pour que tous puissent se voir.
Pendant le débat, l'enseignant.e veille à ce que chaque argument soit étayé par les données issues des documents.
L'enseignant.e note au tableau les arguments importants et les nouvelles questions.

En fin de séance, les élèves élaborent une synthèse du débat et des propositions qui ont été faites.

3. Partir en expédition à bord du bateau Tara C2 C3 C4

Avec votre classe de cycle 2, de cycle 3 ou de cycle 4, vous pouvez partir en expédition virtuelle à bord du **bateau Tara** et amarrer à Buenos Aires pour étudier la pollution de l'air dans une grande ville. À partir de la fiche 6 de la malle aux escales, vous apprendrez à classer les polluants de l'air et vous pourrez reproduire les expériences pour mieux comprendre comment la pollution de l'air évolue. Avec la fiche 20, vous débarquez à Shanghai pour étudier l'intérêt du masque anti-pollution.
https://echosdescale.fondationtaraocean.org/wp-content/uploads/2022/06/TARA_Inventaire-EchosEscale-7Juin2022.pdf

Prolongements possibles :

- Pour prendre conscience de l'existence de l'air, il existe de nombreuses expériences à faire en classe. Un document Eduscol réunit et décrit toutes ces expériences : https://cache.media.eduscol.education.fr/file/Air/94/7/RA16_C2_QMON_1_air_experiences_632947.pdf
- Sur le réseau Canopé « les fondamentaux », vous trouverez également des animations avec des fiches pédagogiques. Par exemple, pour le cycle 3, une vidéo sur la pollution de l'atmosphère : https://lesfondamentaux.reseau-canope.fr/video/sciences-et-technologie/le-ciel-et-la-terre/comprendre-et-proteger-la-planete/la-pollution-de-latmosphere
- Il existe un outil sur le site de l'ADEME pour calculer et comparer la quantité de CO_2 et mesurer ainsi l'impact de ses déplacements : https://monimpacttransport.fr/

Objectif 12 Consommation et production responsables

Comment devenir un consom'acteur ?

- Apprendre à lire les étiquettes.
- Comprendre la production d'énergie ou la gestion des déchets.
- S'interroger sur l'origine, le transport et la production des aliments, des vêtements ou du matériel scolaire (cahiers, crayons...).

12 CONSOMMATION ET PRODUCTION RESPONSABLES

L'objectif 12 est d'établir des modes de consommation et de production durables.

La consommation et la production durables encouragent à **utiliser les ressources et l'énergie de manière efficace**, à mettre en place des infrastructures durables et à assurer à tous l'accès aux services de base, des emplois verts et décents et une meilleure qualité de la vie. Elles contribuent à mettre en œuvre des plans de développement général, à réduire les coûts économiques, environnementaux et sociaux futurs, à renforcer la compétitivité économique et à réduire la pauvreté.

Puisque la consommation et la production durables visent à « **faire plus et mieux avec moins** », les bénéfices en matière de bien-être découlant des activités économiques peuvent augmenter en réduisant l'utilisation des ressources, la dégradation et la pollution. Il faut également mettre l'accent sur le fonctionnement de la chaine d'approvisionnement, en impliquant tout le monde, du producteur au consommateur final. Cela comprend l'**éducation des consommateurs** sur la consommation durable et les modes de vie, en leur fournissant des informations adéquates par le biais de normes et d'étiquettes et en s'engageant dans des marchés publics durables, entre autres.

D'après l'Organisation des Nations unies : https://unric.org/fr/odd-12/

À l'école, on retrouve ce thème en EMC et en géographie : par exemple, le thème 3 du CM1 : Consommer en France[1] avec les problématiques suivantes :

- D'où viennent les ressources que je consomme au quotidien ?
- Comment les produits ou les ressources parviennent-ils dans le lieu où j'habite ?
- Comment exploiter, produire et consommer des ressources énergétiques, alimentaires et en eau de façon durable ?

L'économie circulaire désigne une organisation d'activités économiques et sociales recourant à des modes de production, de consommation et d'échange fondés sur l'écoconception, la réparation, le réemploi et le recyclage et visant à diminuer les ressources utilisées ainsi que les dommages causés sur l'environnement.
La consommation durable est un mode de consommation basé sur l'utilisation de produits qui répondent à des besoins fondamentaux et améliorent la qualité de vie. Elle intègre l'utilisation minimale de ressources naturelles et de matières toxiques, ainsi que la diminution des rejets de déchets et de polluants durant le cycle de vie. L'objectif est de ne pas compromettre les besoins des générations futures.

Source : *Dictionnaire de l'Éducation au développement durable, édition 2020.*

---

1. Imaginer et créer avec des déchets C1 C2 C3 C4

Le projet « **Artbox** » invite les élèves à jouer avec les matières et détourner les déchets. Les enfants doivent apporter à l'école une boite à chaussures et des déchets pour créer un univers « en boite ». Vous pouvez imposer un thème en lien avec vos projets littéraires ou en histoire, en sciences...
Par exemple, choisissons le thème d'une boite à rêve.
Demander aux élèves de définir ce qu'est le rêve. Puis faire la distinction entre le rêve « de la nuit » que l'on ne contrôle pas et le rêve éveillé décrivant souvent ce que l'on désire.
En lien avec la littérature, des poésies ou des textes littéraires sont lus en classe sous forme de mise en réseau.
Par exemple :

- *Max et les Maximonstres* de Maurice Sendak, École des loisirs.
- *Zigomar n'aime pas les légumes et les deux goinfres* de Philippe Corentin, École des loisirs.

Demander aux élèves d'écrire un rêve. Montrer des œuvres comme celles de Mano Kellner, artiste qui récupère des coffrets et crée avec d'anciennes photograhies, des cartes postales et des objets récupérés. Elle mélange l'art du collage et du découpage. Puis avec leur boite et le matériel de récupération, chaque élève crée sa boite à rêve.

1 https://eduscol.education.fr/document/16765/download

Photographie de productions dans une classe de cycle 2.

2. Construire un calendrier des fruits et légumes de saison C1 C2

L'objectif est de faire comprendre aux élèves que les fruits et les légumes n'existent pas toute l'année, que leur culture dépend des saisons.
En situation déclenchante, questionner les élèves:

- Consommer des fruits ou des légumes, mais quels fruits ou quels légumes?
- D'où viennent les fruits et légumes?
- Comment savoir s'ils sont « de saison »?

Les réponses sont discutées en collectif et notées au tableau.
Présenter aux élèves le projet: construire un calendrier des fruits et légumes. Des investigations sont alors proposées par les élèves ou l'enseignant.e:

- Interroger un producteur.rice ou un.e marchand.e de primeurs.
- Lecture documentaire à partir du magazine *Mon quotidien*. Vous pouvez télécharger le numéro spécial « Les fruits et les légumes dans ton assiette, au quotidien ! »[2]
- Utiliser la vidéo Lumni qui propose un tutoriel pour concevoir un calendrier: https://www.lumni.fr/video/fabriquer-un-calendrier-des-fruits-et-des-legumes.
- Utiliser les tablettes numériques: l'ADEME a créé un simulateur[3] pour découvrir quels sont les fruits et légumes de saison. Vous écrivez le nom du fruit ou du

---

2 https://eliseuse.playbac.fr/magazine/550/mon-quotidien-decouvertes---les-fruits-et-legumes-dans-ton-assiette

3 Mes fruits et légumes de saison, ADEME: https://datagir.ademe.fr/apps/mes-fruits-et-l%C3%A9gumes-de-saison/

légume et **le simulateur vous indique si c'est un fruit de saison** ! Par exemple, si vous écrivez tomate en juin :

En binôme, les élèves sont responsables de chercher les fruits et légumes d'un mois de l'année, puis de comparer leur recherche avec le calendrier du site mtaterre[4]. Pour terminer chaque élève construit et illustre son calendrier des fruits et légumes de saison.

Prolongement possible :

- Retrouver l'itinéraire d'une grappe de raisin pour mieux comprendre la notion de développement durable et l'intérêt de consommer des produits locaux et de saison : https://fondation-lamap.org/sites/default/files/sequence_pdf/itineraire-d-une-grappe-de-raisin.pdf

4 https://www.mtaterre.fr/calendrier-des-produits-de-saison

ODD 13
Mesures relatives à la lutte contre les changements climatiques

13 MESURES RELATIVES À LA LUTTE CONTRE LES CHANGEMENTS CLIMATIQUES

Les élèves confondent souvent climat et météo :
Le climat est défini par les conditions météorologiques moyennes (comme la température, les précipitations ou le vent), qui règnent sur une région donnée pour une période de temps dépassant le mois. Alors que **la météo**, c'est le temps qu'il fait à un moment et à un endroit donnés.

L'objectif 13 est de prendre d'urgence des mesures pour lutter contre les changements climatiques et leurs répercussions.
Les changements climatiques affectent désormais tous les pays sur tous les continents. Cela perturbe les économies nationales et affecte des vies, coûte cher aux personnes, aux communautés et aux pays aujourd'hui et même plus demain. Les conditions météorologiques changent, le niveau de la mer monte, les phénomènes météorologiques deviennent plus extrêmes et les émissions de gaz à effet de serre sont maintenant à leur plus haut niveau de l'histoire. Sans action, la température moyenne à la surface du monde devrait dépasser les 3 degrés centigrades ce siècle. Les personnes les plus pauvres et les plus vulnérables sont les plus touchées.

D'après l'Organisation des Nations unies : https://unric.org/fr/odd-13/

L'effet de serre est un phénomène complexe pour les élèves. D'où l'intérêt de s'appuyer sur une programmation avec plusieurs séquences au cycle 3 :

1. Observer les changements climatiques comme la fonte des glaces.
2. Quelles sont les conséquences du changement climatique ? Comprendre la montée des eaux.
3. Quelles sont les origines du changement climatique ? Modéliser l'effet de serre.
4. Comment agir ? Concevoir une exposition pour changer nos modes de vie.

1. Observer les changements climatiques C3 C4

En situation déclenchante, les élèves répondent individuellement à la question : Qu'est-ce que le changement climatique pour vous ?
La synthèse des réponses se fait sous la forme d'une carte mentale que les élèves recopient.
Lors de la deuxième phase, l'étude de photographies prises au même endroit mais à deux dates différentes permet de comparer l'évolution des glaciers.

Photographies du glacier Muir (Alaska), en août 1941 et en août 2004.[1]

La vidéo « La dramatique fonte des glaciers de Haute-Savoie » des journalistes Audrey Cerdan et Rémi Noyon de *L'Obs* est également intéressante à projeter aux élèves en complément : https://youtu.be/kbNZXftCeK0

Recherche en atelier : à partir des travaux de l'expédition du bateau Tara au Groenland, les élèves répondent aux questions de la fiche 31 de la malle aux escales : https://echosdescale.fondationtaraocean.org/wp-content/uploads/2022/06/TARA_Inventaire-EchosEscale-7Juin2022.pdf
En fin de séance, une synthèse est écrite.

1 Fondation La main à la pâte, Climat la Terre se réchauffe : https://fondation-lamap.org/sites/default/files/sequence_pdf/climat-la-terre-se-rechauffe.pdf

2. Comprendre la montée des eaux par une expérience sur la fonte des glaces C3

« La mer monte ! » Les élèves associent souvent ce constat à la fonte des glaces. D'où l'intérêt de réaliser une expérience montrant que la fonte de la banquise ne fait pas monter le niveau des océans, tandis que la fonte des glaciers continentaux entraine bien une montée des eaux.

Séance 1 : en situation déclenchante, interroger oralement les élèves sur le réchauffement climatique et la montée des eaux :

- Qu'est-ce que le réchauffement climatique ? Est-ce que c'est nouveau ? Comment l'expliquer ?
- Quelles sont les conséquences de ce réchauffement ? Comment expliquez-vous la montée des eaux ?

Noter l'hypothèse suivante : si la glace fond alors le niveau de l'eau monte.
Individuellement, chaque élève imagine et dessine une expérience pour montrer que la fonte des glaces fait monter le niveau de l'eau. Le plus souvent, les élèves proposent de mettre des glaçons dans un saladier.
Lors de la mise en commun, un protocole expérimental est défini avec un tableau d'observation mesurant le niveau d'eau en fonction du temps.

Séance 2 : l'expérience et l'observation sont réalisées. Les élèves constatent alors que le niveau de l'eau ne monte pas dans le saladier !
Un débat s'engage pour interpréter cette observation, proposer une explication et imaginer une évolution à l'expérience. Questionner les élèves sur la distinction entre la banquise et les glaces continentales.

Exemple de nouveau protocole expérimental.[2]

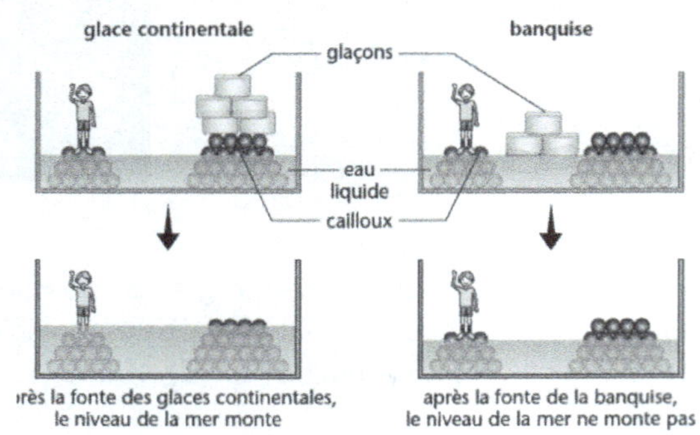

Les élèves prennent des photographies de l'expérience et des notes de leurs observations, puis visualisent la vidéo Lumni « Expérience : la fonte des glaces »[3].

2 Fondation La main à la pâte : https://fondation-lamap.org/sequence-d-activites/les-consequences-de-la-fonte-des-glaces

3 https://www.lumni.fr/video/lexperience-de-la-fonte-des-glaces-6-mai-1

Exemples de photographies de l'expérience sur la fonte des glaces et l'augmentation du niveau des mers.[4]

Avant

Après

À gauche : la fonte de la banquise ne fait pas monter le niveau de l'eau.
À droite : la fonte des glaces continentales fait monter le niveau de l'eau.

Séance 3 : analyse des résultats, lecture documentaire et structuration des connaissances.
Les élèves écrivent une conclusion du type : « La fonte des glaces continentales fait monter le niveau des mers tandis que la fonte de la banquise n'a pas d'effet sur le niveau des mers. »

3. Modéliser l'effet de serre C3 C4

Commencer par fabriquer une serre permet aux élèves de mieux comprendre l'augmentation de la température puis faire ensuite le lien avec l'effet de serre.
Séance 1 : comment montrer qu'une serre augmente la température ?
Demander aux élèves d'imaginer, individuellement, une expérience pour répondre à la question.
Suite aux comparaisons des productions des élèves et confrontations, une expérience est testée.

Exemple d'expérience pour modéliser l'effet de serre.[5]

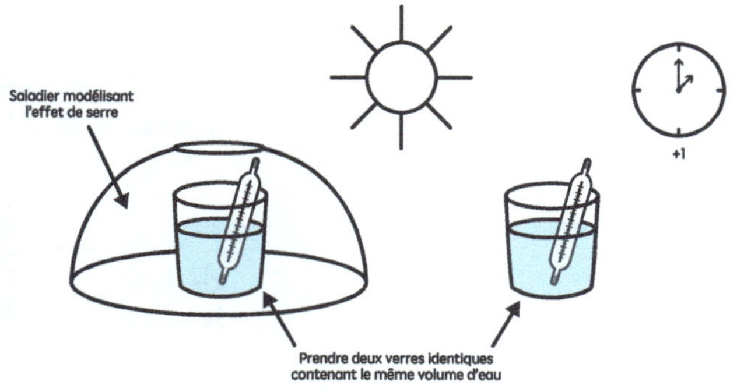

Prendre deux verres d'eau contenant le même volume d'eau. Placer un thermomètre dans chaque verre. L'un des deux verres est positionné sous un saladier en verre transparent. Mettre les deux verres au soleil

4 Fondation La main à la pâte, Océan et climat, l'augmentation du niveau des mers : https://fondation-lamap.org/sites/default/files/sequence_pdf/ocean-et-climat-l-augmentation-du-niveau-des-mers.pdf

5 Dominique Lagraula et Franck Douët, CRPE sciences et technologie, Réussir mon CRPE, Éditions Nathan, 2022.

ou sous une lampe (un spot, par exemple). Au bout d'une heure, la température des deux verres est relevée. Celle du verre sous le saladier est plus élevée.

Séance 2 : comment montrer que le dioxyde de carbone est un gaz à effet de serre ?

L'objectif de cette expérience est de montrer que le dioxyde de carbone est un gaz à effet de serre qui fait augmenter la température.

Protocole expérimental :

Matériel :

- Deux bouteilles en plastique coupées à l'identique.
- Deux canettes de soda de 50 cl chacune..
- Une lampe assez puissante.
- Deux thermomètres.

Préparation :

Verser le soda de la première cannette dans une bouteille notée 1 et attendre au moins une journée pour libérer le dioxyde de carbone. L'autre canette reste fermée à température ambiante.

Le deuxième jour, fixer un thermomètre sur chaque bouteille.

Remplir la deuxième bouteille, notée 2, de soda.

Allumer la lampe.

Relever la température toutes les minutes et compléter un tableau :

	1	2	3	4	5	6	7
Température dans la bouteille 1							
Température dans la bouteille 2							

Entre les deux bouteilles, un seul paramètre varie : la présence de dioxyde de carbone.

Schématisation d'une expérience montrant le rôle du dioxyde.[6]

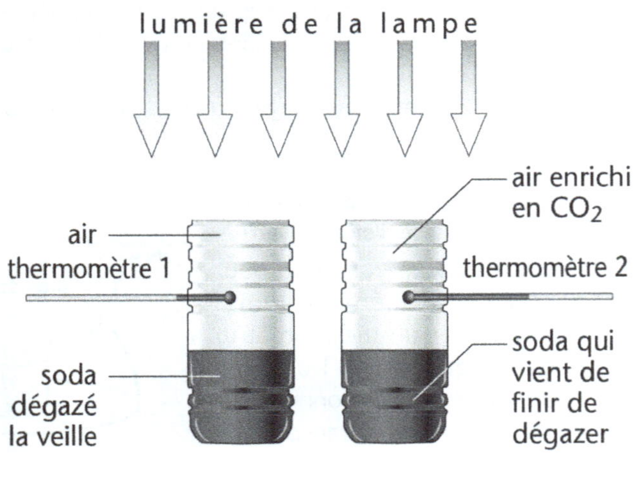

6 Fondation La main à la pâte, CO_2 effet de serre et activités humaines : https://fondation-lamap.org/dossier-prime-prix-lamap/le-rechauffement-climatique-des-origines-aux-solutions

Pour les élèves de cycle 3, il est difficile d'imaginer ce protocole. Par contre, il est intéressant de leur demander l'intérêt de ce dispositif et d'interpréter les résultats : la température augmente plus vite dans la bouteille 2 qui libère du dioxyde de carbone.

Séance 3 : projeter aux élèves la vidéo « La pollution de l'atmosphère » : https://lesfondamentaux.reseau-canope.fr/video/sciences-et-technologie/le-ciel-et-la-terre/comprendre-et-proteger-la-planete/la-pollution-de-latmosphere
Vous pouvez consulter la fiche enseignante du réseau Canopé « les fondamentaux » pour exploiter cette vidéo en classe.
Pour le cycle 4, la vidéo « c'est quoi l'effet de serre ? » de Lumni est également intéressante : https://www.lumni.fr/video/c-est-quoi-l-effet-de-serre
En atelier, demander aux élèves de faire le lien entre les expériences et les informations de la vidéo et d'écrire une synthèse :
« L'effet de serre est un phénomène naturel mais les pollutions humaines accentuent cet effet et la température sur Terre augmente : c'est le réchauffement climatique. Le principal gaz à effet de serre produit par les activités humaines est le dioxyde de carbone (CO_2). »

4. Concevoir une exposition pour changer nos modes de vie C2 C3 C4

Le projet est de préparer une exposition avec des propositions pour limiter les changements climatiques.
Proposer aux élèves une réflexion sur le développement durable à partir de la définition suivante : « Un développement durable doit répondre à nos besoins présents, sans que cela empêche les générations du futur de répondre aux leurs. »
Cette exposition peut prendre plusieurs formes : maquettes, panneaux, vidéos, créations artistiques, affiches…
En classe, les recherches se feront en atelier à partir d'un thème précis en lien avec les écogestes du quotidien comme : les économies d'énergie, le chauffage et l'isolation, l'agriculture et l'alimentation, consommer autrement, se déplacer en polluant moins, diminuer et trier les déchets…

Pour les documents à proposer aux élèves, vous pouvez vous inspirer de plusieurs ressources :

- Vous trouverez sur le site de la Fondation La main à la pâte un dossier complet autour du guide *Le climat, ma planète… et moi*, Nathalie Bois-Masson, Alain Chomat, David Wilgenbus, Éditions Le Pommier : https://fondation-lamap.org/projet/le-climat-ma-planete-et-moi
- L'ADEME a créé un document synthétique[7] pour répondre aux 10 questions suivantes :
  - Météo et climat : quelle différence ?
  - Qu'est-ce que l'effet de serre ?
  - Pourquoi la planète se réchauffe ?
  - Les activités humaines sont-elles les seules responsables ?
  - La planète se réchauffe-t-elle partout ?
  - Y aura-t-il plus d'événements climatiques extrêmes ?

7 https://librairie.ademe.fr/cadic/1413/guide-pratique-changement-climatique.pdf?modal=false

- Quelles conséquences sur les océans ?
- Quelles conséquences pour la faune et la flore ?
- Quelles conséquences pour les êtres humains ?
- Comment s'organiser face au changement climatique ?

- Le guide « **Comment agir pour la planète ?** »[8] de l'ADEME répond simplement à plusieurs questions concernant l'énergie, les gaz à effet de serre, la consommation, les déchets… en apportant des réponses et des solutions que l'on peut mettre en place aussi à l'école.
- **Pour comprendre les enjeux du climat et agir au quotidien ; La brochure Eco-Ecole** « le climat change, et nous ? »[9].

Pour aller plus loin :

- Sur le site **Eduscol**[10], vous trouverez de nombreuses ressources sur le changement climatique dont une séquence de cycle 3 pour combiner les démarches scientifiques et technologiques autour du thème de l'effet de serre : https://eduscol.education.fr/document/16948/download.
- Un manuel numérique complet et concret de 268 pages à l'usage des enseignantes et des enseignants du cycle 3 et 4 crée par l'OCE (Office Climate Education) :
- https://www.oce.global/fr/resources/activites-de-classe/le-climat-entre-nos-mains-terres-emergees
- Le kit pédagogique « Le changement climatique, c'est chez moi : du diagnostic de territoire à l'élaboration de solutions par les élèves » : https://edd.ac-versailles.fr/IMG/pdf/KIT-LCCCM-200916-web.pdf
- Le projet d'une classe de cycle 3, lauréate d'un prix La main à la pâte : https://fondation-lamap.org/dossier-prime-prix-lamap/le-rechauffement-climatique-des-origines-aux-solutions

8 https://librairie.ademe.fr/cadic/1782/guide-pratique-comment-agir-pour-planete.pdf?modal=false

9 https://www.eco-ecole.org/wp-content/uploads/2017/10/brochure-climat-change-et-nous.pdf https://www.eco-ecole.org/wp-content/uploads/2017/10/brochure-climat-change-et-nous.pdf

10 https://eduscol.education.fr/1132/changement-climatique

ODD 14
Vie aquatique

14 VIE AQUATIQUE

Inondations, tsunamis… L'eau est vitale mais elle peut aussi être dangereuse. D'où l'intérêt d'une éducation aux risques naturels que l'on retrouve dans le plan particulier de mise en sureté (PPMS).

L'objectif 14 est de conserver et exploiter de manière durable les océans, les mers et les ressources marines aux fins du développement durable

La gestion prudente de cette ressource vitale mondiale est un élément clé pour un avenir durable. Cependant, à l'heure actuelle, les eaux côtières se détériorent continuellement à cause de la pollution et l'acidification des océans a un effet de confrontation sur le fonctionnement des écosystèmes et de la biodiversité. Cela a également un impact négatif sur la pêche artisanale.

D'après l'Organisation des Nations unies : https://eduscol.education.fr/2252/education-et-ocean

À l'école, le thème de l'eau est présent en sciences du cycle 1 au cycle 4, en géographie, en littérature, en éducation artistique et culturelle… et bien sûr en EPS (savoir nager ou activité « voile », par exemple).

1. S'engager dans le projet d'aire marine éducative (AME) C3 C4

Qu'est-ce qu'une aire éducative ?

Une aire éducative est un **petit territoire naturel** (de la taille d'un terrain de foot environ) **géré de manière participative** par des élèves de cycle 3 et de cycle 4 d'une école. Encadré.e.s par leurs enseignant.e.s et un.e **référent.e**, les élèves se réunissent sous la forme d'un « **conseil des enfants** » et prennent toutes les décisions concernant leur aire éducative. Elle peut être marine ou terrestre : on parle d'une **AME** (aire marine éducative) ou d'une **ATE** (aire terrestre éducative).
La référente ou le référent apporte des connaissances du milieu (scientifique, artistique, géographique…). Elle/Il accompagne les élèves dans la mise en œuvre de leur projet.

Les grands objectifs d'une aire éducative :

- **Former les plus jeunes à l'éco-citoyenneté et au développement durable,**
- **Reconnecter les élèves à la nature et à leur territoire,**
- **Favoriser le dialogue entre les élèves et les acteurs de la nature (usagers, acteurs économiques, gestionnaires d'espaces naturels…).**

1. Avant de vous inscrire

Une aire éducative se développe tout au long de l'année scolaire et a vocation à durer sur le long terme. Sa mise en œuvre nécessite au préalable **3 étapes** :

- Qui sera **la référente ou le référent** ? Identifier une structure ou une association qui peut accompagner le projet : structure de la sphère de l'éducation à l'environnement, gestionnaire d'espaces naturels (PNR, Grand site, CPIE…). Contacter également la mairie car elle peut mettre à votre disposition un.e « animateur.trice nature » communal.e ou une personne chargée de mission au développement durable.
- **Où installer l'aire éducative ?** Se rapprocher de la commune pour l'informer du projet et la questionner sur des sites d'accueil potentiels de l'aire éducative (le choix final de l'aire revient aux élèves). La personne référente peut aussi vous conseiller sur les richesses de certains milieux… Par exemple, il est souvent très intéressant d'avoir une ATE avec une zone humide ou un cours d'eau. Le site doit également être proche de l'école pour permettre les déplacements à pied ou à vélo.
- Évaluer **le coût** du projet avec la personne référente afin de lancer des demandes de financement. Depuis 2021, l'Office français de la biodiversité (OFB) participe au financement du projet d'aire éducative.

La zone de l'aire éducative **ne doit pas nécessairement se trouver dans un espace protégé**. Elle doit être située sur la commune, à proximité de l'école. Le milieu étudié peut être une zone côtière ou un cours d'eau (rivière, fleuve).

2. Dossier d'inscription

Entre juin et septembre sur le site de l'OFB *via* la plateforme SAGAE

3. Année 0 : début du projet pour les élèves !

Quand vous êtes inscrit.e, l'OFB vous transmet un dossier avec une démarche à suivre et des conseils :

- Présenter le projet
- Organiser le «conseil de la Mer ou de la Terre»
- Déterminer une zone pour la création de l'aire éducative
- Faire un état des lieux du site et de son territoire
- **Faire une étude** du territoire de l'aire éducative
- **Faire une synthèse** de l'état des lieux
- Définir les objectifs et des actions concrètes.
- **Évaluer les** des actions

Quelques exemples de thématiques:
- Biodiversité: reconnaitre les espèces d'animaux (oiseaux, mollusques...) et de plantes (algues...).
- Espèces envahissantes.
- Espèces exploitées: poissons, vaches...
- Biodiversité: les habitats et les milieux naturels.
- Les métiers de la mer.
- Les activités humaines de loisirs: voile, vélo, promenade, pêche...
- Fonctionnement de l'écosystème (étude de la laisse de mer...).
- Chaines alimentaires.
- Pollutions (chimique, plastique, lumineuse, sonore...).
- Patrimoine culturel: le bâti, les usages traditionnels mais aussi le patrimoine immatériel.

Quelques exemples de réalisations concrètes:
- Production artistique: théâtre, art visuel ou musical, littéraire...
- Production scientifique: inventaire, suivi, documents en lien éventuellement avec des chercheurs pour un programme de sciences participatives (Ligue pour la protection des oiseaux, programme Vigie-Nature École...).
- Aménagements: accès aux personnes à mobilité réduite, nichoirs, hôtel à insectes, bac à déchets...
- Gestion d'espèces avec, par exemple, des plantations.
- Opération de communication avec des panneaux...

4. Labellisation
À la fin de la première année, vous transmettez à l'OFB *via* le site SAGAE votre dossier de labellisation pour obtenir le label AME.
L'évaluation de la qualité de votre projet suit 4 grands critères:
- Le respect du déroulement: choix du site, état des lieux de l'AME, sorties terrains, conseil des élèves...
- L'implication des élèves dans le choix du site et la décision collective des orientations du projet
- L'adhésion et la diffusion du projet vers les autres classes, les parents... (communication du projet).
- L'intégration du projet dans les enseignements scolaires

Pour en savoir plus:
- https://www.ofb.gouv.fr/aires-educatives

2. Écrire une histoire sur le thème de l'environnement marin C1 C2 C3 C4

C'est un projet artistique qui s'articule autour de 3 grands axes :

- Sciences : choisir un thème en lien avec la protection de l'**environnement** ; par exemple, l'océan.
- Art plastique : chaque élève choisit un problème écologique et l'**illustre**
- Français : **écrire une histoire** pour faire un livre

En classe, dans un premier temps, on présente le projet en montrant, par exemple, un livre crée par des élèves d'une autre classe.

Exemple d'illustration avec une classe de CE1.

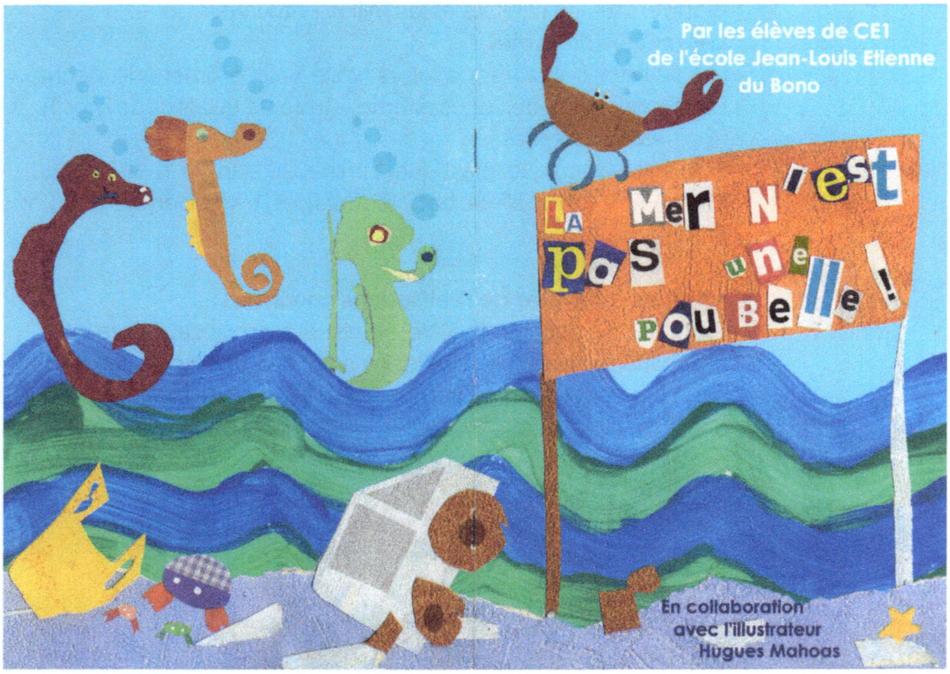

Travailler ensuite sur le premier axe : quels sont les problèmes liés à l'océan ?
Les élèves commencent par lister les problèmes écologiques. Cette recherche se fait en atelier par lecture documentaire à partir d'articles sur les océans.
Chaque élève dessine un problème lié à un animal. Par exemple, une tortue qui mange un sac plastique, un oiseau noyé dans du pétrole, un dauphin prisonnier dans un filet, le corail qui blanchit car l'eau se réchauffe, un poisson coupé par une hélice… Vous choisissez ensuite différentes techniques de création artistique : peinture, découpage/collage, pastel, photographies, gravure… pour passer du dessin à une autre production plastique.
Le processus de création littéraire s'appuie sur le dessin de chaque élève qui donne un nom à son animal, puis écrit une ou deux phrases pour raconter la mésaventure de son héros.
Pour terminer, en collectif, les élèves écrivent ensuite le début et la fin de cette mésaventure.

Exemple de production de l'histoire « la mer n'est pas une poubelle » par des élèves de CE1.[1]

Autrefois, les animaux marins vivaient heureux.
Aujourd'hui, c'est différent !
Lili la tortue a mangé une algue mais elle est malade
car c'était un sac plastique.
Max le requin nage avec ses copains mais il n'arrive plus à suivre
car une hélice lui a coupé une nageoire.
Maya le dauphin crie et se débat
car il est pris dans des filets... il s'épuise.
[...]
Les animaux marins sont en colère !
Alors ils décident de nettoyer la mer. Ils ramassent les déchets
et les déposent sur la terre.
Puis, révoltés, les animaux marins manifestent
pour dire aux hommes « La mer n'est pas une poubelle ! »

En cycle 1, l'écriture s'appuiera sur le dispositif de dictée à l'adulte.

3. Partir en expédition virtuelle avec le bateau Tara océan et les « Échos d'escale » C3 C4

Destinée principalement aux classes de cycle 3 et de cycle 4, l'opération *Échos d'escale – expéditions virtuelles* vous propose de découvrir avec vos élèves des problématiques locales de développement durable qui font écho à des enjeux éco-citoyens plus globaux, à travers les escales de la goélette Tara !
Composez un parcours d'expédition virtuelle en choisissant parmi les escales réalisées par Tara dans le monde depuis 2010, auxquelles viennent s'ajouter en direct les escales de la nouvelle mission en cours.
Votre expédition peut comporter autant d'escales que vous souhaitez et s'organiser autour d'une thématique de développement durable (déchets, biodiversité...), d'un lieu géographique, ou de tout autre critère de votre choix.
Pour chaque escale, une courte vidéo des membres d'équipage de Tara vous précise la problématique locale tandis que les fiches élève, les fiches enseignant et autres ressources vous fournissent de précieux appuis pédagogiques.[2]

Pour inscrire votre classe et recevoir gratuitement le poster Tara de l'expédition : https://echosdescale.fondationtaraocean.org/

1 « La mer n'est pas une poubelle » (technique de découpage et collage).
2 Retrouvez ces ressources pédagogiques dans la malle aux escales de TARA.

4. Géométrie et arts visuels sur la plage ou dans la cour (méso espace) C1 C2 C4

Guy Brousseau distingue 3 types d'espaces :
Le micro espace : l'élève est à l'extérieur de l'espace et peut avoir plusieurs points de vue comme avec un solide, une feuille ou la table de l'élève.
Le méso espace : l'élève est à l'intérieur de l'espace mais il a une vision globale de l'ensemble comme une classe ou une cour.
Le macro espace : l'élève est à l'intérieur de cet espace mais il n'en a qu'une vision partielle comme le quartier d'une ville ou un village.

Commencer par présenter le projet de création d'un mandala ou d'une représentation géométrique sur la plage.
Dans un premier temps, le travail se fait sur un micro espace (une feuille) avec des figures simples.
Puis, en binôme, les élèves reproduisent une figure dans la cour avec des craies, des ficelles, cordes ou des bouts marins, des bâtons… Désigner quelques élèves qui seront chargés d'observer les techniques de leurs camarades et de faire des photographies des figures.

Exemple de production dans une cour d'école

De retour en classe, à partir des photographies des observateurs, lister les techniques les plus efficaces pour faire une droite et un cercle. Puis anticiper le matériel pour une reproduction sur la plage.

Exemple de production sur une plage avec une classe de cycle 2[3]

Voir aussi sur le site de M@ths en-vie le projet « De la géométrie sur la plage » : https://www.mathsenvie.fr/?p=9996[4]

Pour aller plus loin :

Le projet « L'océan, ma planète… et moi ! » s'articule autour d'un guide pédagogique publié par les Éditions Le Pommier dont les contenus sont disponibles gratuitement en ligne. Destiné aux élèves de cycle 3, on y trouve 16 séquences autour de 4 grandes parties : https://fondation-lamap.org/projet/l-ocean-ma-planete-et-moi

3 Vidéo du projet « land art » à l'école Éric Tabarly à Saint-Pierre – Quibéron :https://video.toutatice.fr/video/21493-land-art-cp-ce1-ce2-ecole-eric-tabarly-saint-pierre-quiberon/

4 Témoignage de Maryline Perron, enseignante à l'école Gentillerie à Saint-Malo, ayant participé au projet.

ODD 15 Vie terrestre

C'est l'un des objectifs le plus facile à mettre en œuvre à l'école car les projets sont nombreux et les liens avec le programme très riches : apprendre à classer les animaux, observer, créer des œuvres d'art, fabriquer des nichoirs, lire des histoires… pour préserver et restaurer les écosystèmes **proches de votre école.**

15 VIE TERRESTRE

L'objectif 15 est de préserver et restaurer les écosystèmes terrestres, en veillant à les exploiter de façon durable, gérer durablement les forêts, lutter contre la désertification, enrayer et inverser le processus de dégradation des sols et mettre fin à l'appauvrissement de la biodiversité.

Les forêts recouvrent 30, 7 % de la surface de la planète, assurent la sécurité alimentaire et fournissent des abris, et sont essentielles pour lutter contre le changement climatique, protéger la biodiversité et les foyers des populations autochtones. En protégeant les forêts, nous pourrons également renforcer la gestion des ressources naturelles et accroître la productivité des terres.

Même si près de 15 % des terres sont actuellement protégées, la biodiversité est toujours menacée. La déforestation et la désertification – causées par les activités humaines et le changement climatique – posent des défis majeurs au développement durable et ont des répercussions négatives sur la vie et les moyens de subsistance de millions de personnes qui luttent contre la pauvreté.

D'après l'Organisation des Nations unies : https://unric.org/fr/odd-15/

À l'école, c'est certainement l'objectif le plus facile à développer car les liens sont nombreux notamment avec l'exploration, le questionnement du monde vivant et les sciences : classification animale, biodiversité, cycle de vie, développement et reproduction des animaux et des végétaux, réseaux trophiques…

Qu'est-ce que la biodiversité ?
Contraction des mots « biologie » et « diversité », la biodiversité désigne la diversité biologique. Selon l'article 2 de la Convention sur la diversité biologique signée en 1992, la biodiversité est définie comme « la variabilité des êtres vivants de toute origine incluant entre autres, les écosystèmes terrestres et aquatiques et les complexes écologiques dont ils font partie : Cela comprend la diversité au sein des espèces, ainsi que celle des écosystèmes. » Selon cet article, trois niveaux d'organisation principaux doivent être pris en considération :
- la diversité des écosystèmes (océans, forêts, talus, haie, mare, jardin…). Un écosystème est un ensemble comprenant tous les êtres vivants présents dans un milieu et toutes les relations qui existent entre ces êtres vivants (biocénose) et avec le milieu (biotope).
- la diversité des espèces.
- la diversité génétique : celle des gènes (au sein d'une même espèce, on observe des variations dont l'origine est la présence d'allèles différents pour un gène donné, par exemple, la couleur des yeux).

Les principales composantes de la biodiversité[1]

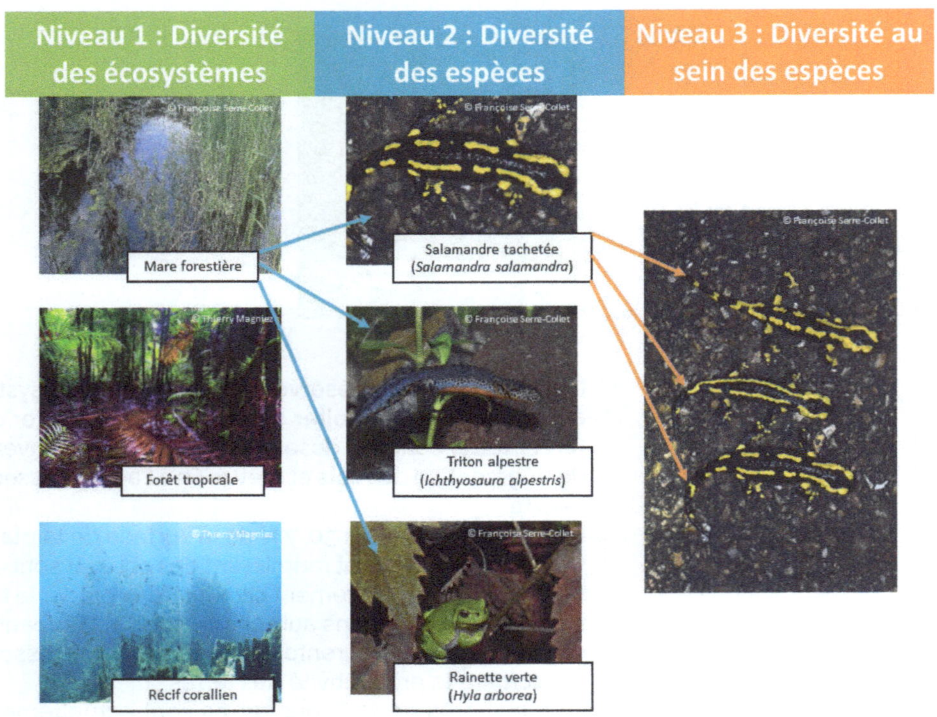

À l'école, les niveaux 1 et 2 sont étudiés. Le niveau 3 est étudié au cycle 4.

1 D'après le site du Museum d'histoire naturelle : https://edu.mnhn.fr/mod/page/view.php?id=1275

1. S'engager dans le projet d'aire terrestre éducative (ATE)[2] C3 C4

La zone de l'aire éducative **ne doit pas nécessairement se trouver dans un espace protégé**. Elle doit être située sur la commune, à proximité de l'école. Les milieux peuvent être très variés et se trouver à la **campagne**, à la **montagne** ou en **ville** : zone humide, parc urbain, forêt, terrain vague, prairie, friches, haies, landes, marais... Il est souvent intéressant de choisir une aire avec un ruisseau ou une zone humide.

Se référer à l'aire marine éducative (AME) de l'ODD 14 pour mieux comprendre comment s'engager dans une ATE car la démarche est identique.

2. Classer des animaux

Pour comprendre la notion de **biodiversité**, les élèves étudient des écosystèmes (haie, mare, forêt, dunes...) et la diversité des espèces. Les activités de classification s'appuient sur l'observation des attributs (structure portée par un organisme).
La **classification phylogénétique** est destinée à apporter des informations sur le degré de parenté entre les êtres vivants et donc sur l'évolution des espèces. Les êtres vivants sont ainsi classés selon les caractéristiques qu'ils partagent (vertèbres, poils, bec, etc.), parce qu'ils les ont héritées d'un ancêtre commun. Chez chaque ancêtre commun est apparue une innovation évolutive transmise à tou.te.s ses descendant.e.s. L'ouvrage de référence pour la classification animale[3] à l'école est celui de Guillaume Lecointre[4].

Critères de la classification : observer et décrire les organismes à partir des attributs : yeux, ailes, poils, plumes, membres, pattes, antennes... On regroupe les organismes qui ont les mêmes attributs.
Classer : regrouper les êtres vivants qui possèdent des caractères communs.
Ensembles emboités : chaque boite est un groupe défini par au moins un caractère commun. Par exemple, le groupe tétrapode (qui a 4 membres).

Description d'une séquence de classe au cycle 3

Séance 1 : premier classement et comparaison avec le classement scientifique.
Exemple de consignes à proposer aux élèves :
« Découpe les étiquettes et observe les animaux. »
« Quels animaux peut-on mettre ensemble, dans le même paquet ? »
« Donne un nom à chaque groupe. »

2 Office français de la biodiversité : https://www.ofb.gouv.fr/aires-educatives
3 Voir sur Lea.fr, le document « Classification simplifiée des animaux »..
4 *Comprendre et enseigner la classification du vivant*, Collection d'animaux, Édition Belin.

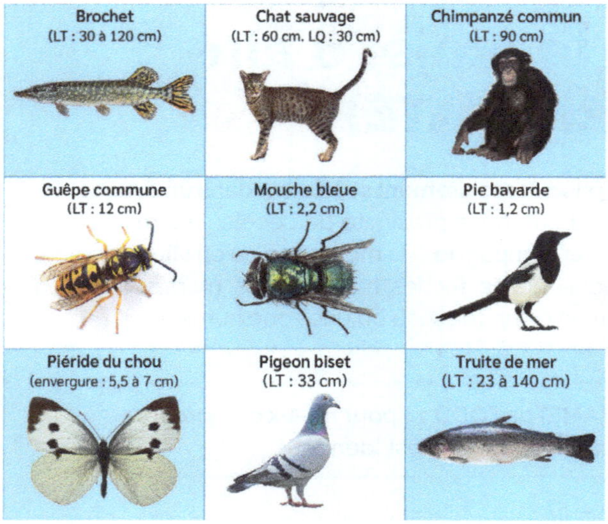

Exemple d'étiquettes pour classer le vivant[5]

Mise en commun et comparaison avec le classement scientifique : débat de classe pour définir les critères de classification.

Trace écrite : Les scientifiques classent les animaux en fonction de ce qu'ils ont : poil, plume, bec, squelette externe… ce sont les attributs.

Séance 2 : apprendre à observer et décrire les animaux.

Travail en atelier sous forme de jeux[6] :

Atelier 1 : « Devine quel animal je te décris ? » à partir de carte d'animaux.

Atelier 2 : « Pour chaque animal, coche vrai ou faux parmi une liste d'attributs. »

Atelier 3 : « Écoute les attributs et dessine l'animal correspondant. »

Atelier 4 : jeu numérique de reconnaissance d'animaux à partir d'attributs.

Séance 3 : établir une liste d'attributs/caractères communs.

Exemple de consignes et d'exercice à proposer aux élèves :

« Observe les photographies d'animaux et écris une liste d'attributs pour chaque animal puis complète le tableau des attributs. »

Exemple de tableau des attributs[7]

Animaux attributs	Brochet	Chat sauvage	Chimpanzé	Guèpe	Mouche	Pie	Piéride	Pigeon	Truite
Yeux, bouche									
Squelette interne									
4 membres									
Mageoires à rayons									
Poils, mamelles									
Plumes									
Squelette externe, 2 antennes, 6 pattes, ailes (insectes)									

Séance 4 : réaliser une classification en groupes emboités.

Exemple de consignes à proposer aux élèves :

« En groupe de 4, vous allez classer les animaux dans des boites en mettant ensemble

5 Dominique Lagraula et Franck Douët, CRPE sciences et technologie, Réussir mon CRPE, Éditions Nathan, 2022.

6 Vous pouvez vous inspirer de la collection « Sciences à vivre » chez Accès Éditions.

7 Dominique Lagraula et Franck Douët, CRPE sciences et technologie, Réussir mon CRPE, Éditions Nathan, 2022.

les animaux qui ont les mêmes attributs. »
« Essayez maintenant de mettre des boites dans d'autres boites, de les emboiter. »

Exemple de classification en groupes emboités[8]

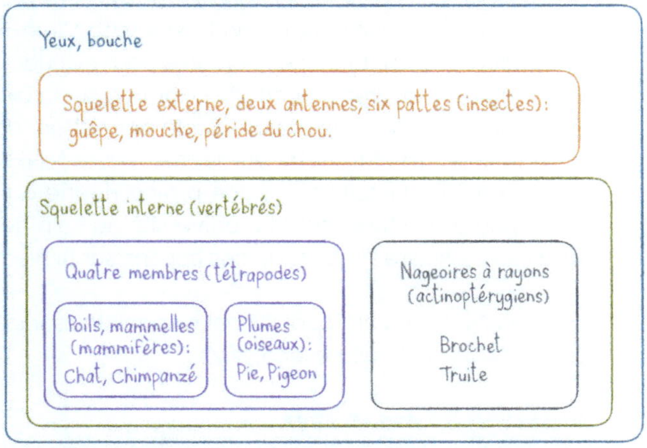

Séance 5 : entrainement et présentation d'un arbre de parenté.
Exercice 1 : compare les animaux et écris le nom des attributs communs.
Exercice 2 : relie chaque photographie d'un animal à sa description.
Exercice 3 : complète le tableau des attributs.
Exercice 4 : lis le tableau des attributs puis complète la classification en groupes emboités.

Séance 6 : institutionnalisation.
Trace écrite finale : « On classe dans une même boite les animaux qui ont les mêmes attributs. Si un ensemble d'êtres vivants partagent des attributs, c'est qu'ils ont un ancêtre commun. Plus des espèces partagent d'attributs, plus elles sont proches. Les scientifiques établissent ainsi la classification du vivant. On peut la représenter sous la forme de groupes emboités. »

3. S'engager dans un programme de sciences participatives

Depuis quelques années, les chercheurs ont créé des protocoles scientifiques adaptés aux écoles. Les élèves s'engagent ainsi dans des projets de sciences « participatives » parfois aussi appelées « sciences citoyennes » ou « sciences collaboratives ». Les travaux des classes contribuent ainsi à la recherche.

Vigie-Nature école

Lancé en 2010, **Vigie-Nature École** est un programme de sciences participatives qui vise à suivre la biodiversité ordinaire. Pour les enseignants, c'est l'occasion de participer à un **programme de recherche** en s'inscrivant dans une démarche scientifique complète. Au fur et à mesure de leur participation aux protocoles, les élèves connaissent mieux la **biodiversité** qui les entoure et affinent leur sens de

8 Dominique Lagraula et Franck Douët, CRPE sciences et technologie, Réussir mon CRPE, Éditions Nathan, 2022.

l'observation des **escargots, des oiseaux, les plantes sauvages urbaines, les insectes, les vers de terre, les lichens ou les algues**... C'est vous qui choisissez un animal ou une plante que vous souhaitez observer avec vos élèves.

Les données recueillies sont ensuite transmises aux **chercheurs du MNHN** (Muséum national d'Histoire naturelle) *via* le site web Vigie-Nature École. Les scientifiques analysent l'ensemble de ces données pour évaluer l'état de santé de la biodiversité en France et mesurer l'impact de l'Homme sur la biodiversité ordinaire.
Les protocoles de Vigie-Nature École permettent d'évaluer l'état de la biodiversité dans l'école. Une fois cette étape réalisée, le MNHN propose des actions simples (par exemple l'installation d'une prairie fleurie ou de nichoirs à chauves-souris) susceptibles de favoriser la biodiversité au sein de l'établissement. Il est ensuite possible de suivre l'impact de ces actions sur la biodiversité.

Les détails de ces protocoles sont disponibles sur le site du dispositif : https://www.vigienature-ecole.fr/

Observatoire des saisons

À partir d'un protocole scientifique, les élèves définissent **une zone à observer proche de l'école ou dans la cour**. Ils/elles apprennent ensuite à mieux connaitre les espèces végétales et animales du programme comme les arbres fruitiers, les herbes, les oiseaux, les insectes... puis saisissent les données.
Vous trouverez également de nombreuses ressources en lignes sur le site https://www.obs-saisons.fr/.

Phénoclim

Si votre école est en montagne alors suivez plutôt le protocole Phénoclim. Ce programme scientifique et pédagogique vous permet de partager vos observations avec les scientifiques afin de faire avancer la recherche sur les questions liées aux effets du changement climatique sur la flore de nos montagnes.
https://phenoclim.org/

La LPO (Ligue pour la protection des oiseaux)

Avec vos élèves, vous pouvez contribuer aux travaux de recherche des naturalistes de la LPO en alimentant leurs bases de données avec vos propres observations animalières.
https://www.lpo.fr/s-engager-a-nos-cotes/sciences-participatives

Atlas biodiversité à l'école (ABC)[9]

Si votre commune s'engage dans l'**Atlas de la biodiversité communale** alors vous pouvez participer à ce programme.
Un Atlas de la biodiversité communale (ABC) est une démarche qui permet à une commune, ou à une « structure intercommunale », de connaitre, de préserver et de valoriser son patrimoine naturel.

Pour aller plus loin :

- La Fondation La main à la pâte propose un dossier complet « À l'école de la biodiversité » : https://fondation-lamap.org/projet/a-l-ecole-de-la-biodiversite

9 https://abc.naturefrance.fr/

4. Fabriquer un appareil de Berlèse pour prendre conscience de la biodiversité du sous-sol C2 C3 C4

Les écosystèmes terrestres « visibles » ne sont pas les seuls à abriter une biodiversité importante : les sols en
sont également un grand réservoir. On y trouve des bactéries, des vers de terre, des insectes et des champignons qui jouent un rôle clé dans la décomposition de la matière organique en la transformant en matière minérale. On les appelle des « **décomposeurs** ».
Du nom de son inventeur, l'appareil de Berlèse permet d'observer les petites bêtes du sol sans trop les perturber. Effrayés par la lumière et la chaleur de la lampe, les organismes du sol se dirigeront à l'obscurité vers le fond de la bouteille. Vous pourrez ensuite les observer puis les remettre dans la nature.

Schéma d'un appareil de Berlèse[10]

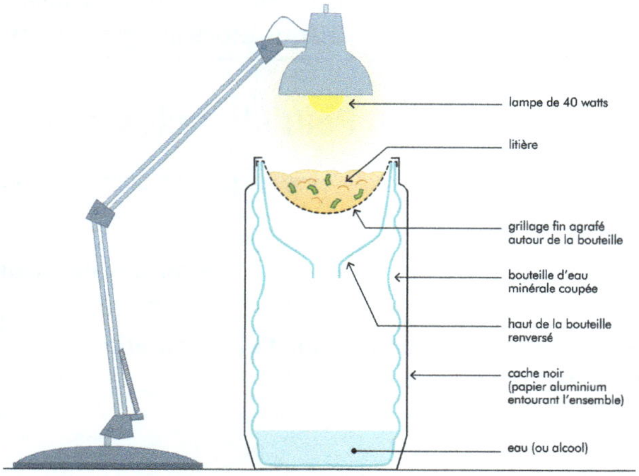

La Fondation la Main à la pâte propose aussi un protocole pour concevoir un appareil de Berlèse et découvrir ce qui se cache dans le sol.

Journée mondiale des sols
(le 5 décembre) et sa campagne « Stopper la salinisation des sols, accroître leur productivité » visent à sensibiliser à l'importance de maintenir des écosystèmes sains et le bien-être humain en abordant les défis croissants de la gestion des sols, en luttant contre la salinisation des sols, en encourageant les sociétés à améliorer la santé des sols.

5. Étudier un écosystème : la forêt

Les sorties en forêts sont propices à de nombreux apprentissages en lien avec le programme du cycle 1 au cycle 3 et dans toutes les matières :
- Observer les traces des animaux, les crottes, les pelotes de réjection.
- La germination des graines : le gland par exemple.
- La transformation d'une fleur en fruit (les mures, châtaignes, hêtre, genêt, charme...).
- Land art en forêt.
- Parcours sensoriel.

10 Montage simple permettant de récolter la microfaune du sol, d'après l'ONG Objectif Sciences International : https://www.animation-et-pedagogie.com/IMG/jpg/berlese.jpg

- Utiliser une clé de détermination pour reconnaitre les arbres.
- Mettre en réseau des livres sur les arbres ou les animaux de la forêt.
- Étudier le cycle de vie du papillon à partir de l'album anglais *The Very Hungry Caterpilar*[11] (*La chenille qui fait des trous*).
- Réaliser un recueil de poésies sur le thème des arbres.
- Les nervures des feuilles et la symétrie : dessiner la moitié qui manque.
- De nombreux albums de jeunesse comme *Croque ! la nourrissante histoire de la vie*[12].

Notion de chaines alimentaires et réseaux trophiques à partir de l'album *Croque !*. L'étude la couverture montre que la coccinelle est mangée par l'oiseau mangé par le renard : Coccinelle Oiseau Renard

Cet album pourrait également ouvrir sur un travail en Arts Plastiques au travers de la question de la narration par l'image :
« Comment « raconter » une chaine alimentaire à partir d'images ? L'illustration de l'album est une possibilité, imaginez-en d'autres. »
Chaque élève imagine et dessine en donnant à voir une chaine alimentaire.

Pour aller plus loin :

▸ Une séquence complète pour découvrir un écosystème : la forêt[13].

Sommaire des séances et objectifs généraux

Séance 1 : introduction du sujet et préparation de la sortie en forêt	Recueillir ce que les élèves savent, préparer la sortie en lien avec la saison, prévoir les différentes observations à mener.
Séance 2 : la sortie en forêt	Collecter des observations variées et en rapporter des traces (photographies, prélèvements de végétaux et d'insectes, empreintes, dessins, enregistrements…).
Séance 3 : les êtres vivants de la forêt	Découvrir l'organisation générale de la forêt en faune et flore. Identifier quelques animaux de la litière.
Séance 4 : découverte des plantes **Séance 4 bis : Comment reconnait-on un arbre ?**	Découvrir la diversité des plantes et leur organisation en strates ; mettre en évidence que ces strates sont des niches écologiques pour les animaux de la forêt.
Séance 5 : qui mange quoi ?	Établir différents régimes alimentaires d'animaux de la forêt à partir de l'étude de leurs mâchoires ; approcher la notion de chaîne alimentaire.
Séance 6 : que deviennent les feuilles mortes ?	Décrire le processus de dégradation des feuilles mortes et introduire la notion de cycle de la matière.
Séance 7 : conclusion, la forêt : un écosystème	Aider les élèves à récapituler, structurer et mettre en lien ce qu'ils/elles ont appris (connaissances et compétences) de manière à évaluer leur compréhension du concept d'écosystème.

11 Eric Carle, Éditions Mijade, 2011 (4e édition).
12 Aleksandra Mizielinska, Daniel Mizielinski, Pas comme les autres, Éditions Rue du Monde.
13 Séquence complète sur le site de la Fondation La main à la pâte : https://fondation-lamap.org/sequence-d-activites/decouvrir-un-ecosysteme-la-foret

Il est également intéressant d'étudier et comparer plusieurs milieux. Pour les apprentissages en maternelle, le coffret *Jeux de la nature*[14] propose une approche ludique de la biodiversité à partir de planches illustrées de 6 environnements naturels différents : le potager, la campagne, l'étang, la rivière, le bord de mer, le fond marin.

6. Mettre en place un jardin à l'école C1 C2 C3 C4

Installer un jardin pédagogique à l'école c'est favoriser le contact des enfants avec la nature et les encourager à devenir éco-citoyen.ne.s, à partir de problèmes authentiques en lien avec l'expérience directe des élèves. C'est un projet de classe ou d'école qui motive les apprentissages dans toutes les matières (arts, histoire, sciences, français…). Cette diversité des entrées permet à chaque enseignant.e du **cycle 1** au **cycle 4** de s'engager plus ou moins selon ses objectifs.

Photographie d'un jardin d'école en hiver[15]

Quels jardins ?
Il existe plusieurs types de jardins pédagogiques : potager, aromatique, artistique, fleuri, verger, jardin-cabane, en terre, en pot… Le jardin en carré est particulièrement intéressant car il permet à 4 élèves de jardiner en même temps autour d'un carré sans marcher sur les plantations.

Quelles graines ? Quelles plantes ?
En fonction de vos objectifs et du type de jardin, vous pouvez choisir :
- Des plantes grimpantes : passiflore, glycine, clématite, jasmin, capucine, chèvrefeuille…
- Des fleurs : bulbes de jonquille, tulipe… le tournesol permet de récupérer facilement les graines.
- Des petits fruits : framboisier, fraisier…
- Des légumes : potiron, courgette, tomate…
- Des aromatiques : menthe, lavande, thym, basilic, romarin…

Quel matériel ?
Bêche, binette, râteau, griffe à dent, transplantoir, arrosoir…

Quels partenaires ?
- La municipalité et les services techniques.
- Les parents d'élèves.
- Les associations de personnes âgées qui permettent de créer des liens entre générations.
- L'OCCE.

14 Sébastien Telleschi (illustrations), Éditions Nathan.
15 Jardin de l'école Les rives du Loch à Auray.

Quelques exemples d'apprentissages à partir du jardin :

- Créer un jardin artistique avec des matériaux récoltés (brindilles, mousse, cailloux…) ou des déchets.
- Lire à partir d'une sélection d'albums, de poésies, de livres.
- Faire un plan d'installation des jardins à l'école ou une maquette.
- Étudier des œuvres d'art issues du jardin (photographies, sculptures, peintures…).
- Mettre en place un jardin des sens : toucher, sentir (plantes aromatiques) sans voir.
- Faire un exposé des animaux du jardin : ver de terre, coccinelle, puceron, fourmi, cloporte, abeille, pyrrhocore (gendarme), mésange, escargot, araignée…
- Suivre le cycle de vie de quelques animaux (phasme : croissance discontinue et développement direct ; papillon : croissance discontinue et développement indirect).
- Étudier la reproduction des animaux.
- Classer des animaux du jardin.
- Observer un réseau alimentaire complexe dans le jardin : https://eduscol.education.fr/document/16924/download
- Répondre à la question : comment se décompose la matière dans le composteur ? (rôle des décomposeurs).
- Fabriquer un composteur.
- Répondre à la question : où sont les animaux en hiver ? (hivernation, larves).
- Répondre à la question : comment les animaux résistent-ils au froid ?
- Fabriquer des mangeoires à oiseaux, des nichoirs.
- Comment mesurer l'eau de pluie ? Fabriquer un pluviomètre et mesurer (lien avec grandeurs et mesures).
- Répondre à la question : que devient l'eau de pluie ? (Les différents états de la matière : l'eau).
- Répondre à la question : comment arroser le jardin ?
- Suivre la germination des graines.
- Répondre à la question : quels sont les besoins des plantes ?
- Comment faire germer et pousser des plantes sans terre ?
- Observer la transformation des fleurs en fruit (fructification).
- Étudier la reproduction sexuée et asexuée des végétaux.
- Étudier le cycle de vie du pissenlit.
- Créer une mare à l'école (attention à la sécurité, voir la législation en vigueur).
- Faire pousser du blé et faire de la farine.
- Répondre à la question : comment étaient les jardins autrefois ? (en histoire).
- Répondre à la question : comment sont les jardins ailleurs ? (en géographie).

Consulter le site **Jardinons à l'école** qui propose de nombreuses solutions pour mettre en place un jardin à l'école : https://www.jardinons-alecole.org/index.html

ODD 16 Paix, justice et institutions efficaces

16 PAIX, JUSTICE ET INSTITUTIONS EFFICACES

L'école est un espace pour donner sens aux mots « liberté, égalité, fraternité ». Où l'inclusion n'est pas seulement un mot mais une réalité. Et l'apprentissage de la justice une réalité quotidienne.

L'objectif 16 est de promouvoir l'avènement de sociétés pacifiques et inclusives aux fins du développement durable, assurer l'accès de tous à la justice et mettre en place, à tous les niveaux, des institutions efficaces, responsables et ouvertes à tous.

Une éducation à la culture de la paix et de la justice vise les objectifs suivants :

- réduire la violence sous toutes ses formes et lutter contre les actions terroristes ;
- prévenir la maltraitance des enfants et toutes les formes de violence dont ils sont victimes ;
- renforcer la participation citoyenne aux décisions collectives et à la représentation démocratique.[1]

1 D'après le *Dictionnaire de l'éducation au développement durable*, Ève Leleu-Galland et Sandrine Meylan, Éditions Nathan.

À l'école, ce thème est développé en EMC et dans tous les projets qui cherchent à impliquer, reconnaitre et valoriser le **sens de l'engagement éco-citoyen des élèves**; un engagement collectif et partenarial.

Le **conseil des enfants** que l'on nomme aussi «conseil de la mer» pour les aires marines éducatives en est un bel exemple. C'est bien le conseil des enfants qui délibère, argumente et décide des actions en lien avec leur aire éducative (AME ou ATE).

1. Organiser des élections des éco-délégué.e.s dans votre école et participer au Prix de l'action éco-déléguée de l'année C3 C4

Depuis la rentrée de septembre 2020, l'élection des **éco-délégué.e.s** est encouragée pour les classes de CM1-CM2. Une fois élu.e.s, ces élèves deviennent des pivots de l'éducation au développement durable dans l'école et renforcent la liaison cycle 3 lors du conseil école/collège. À partir d'un constat des problèmes de l'école, quelques élèves se présentent pour être élu.e.s éco-délégué.e.s.

Les élèves au centre des projets éco-responsables[2]

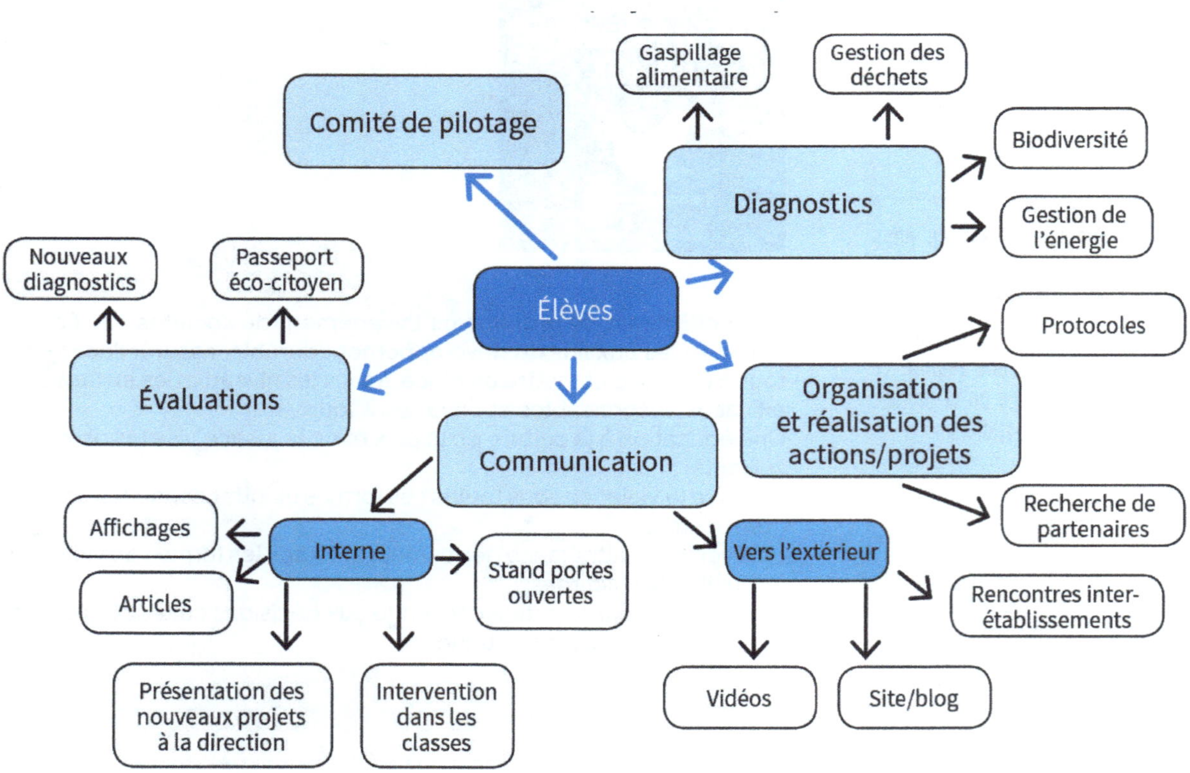

2 D'après le site de l'académie de Versailles : https://edd.ac-versailles.fr/spip.php?article643

Comment organiser des élections ?
Dans chaque classe, commencer par une activité de photo-langage à partir des posters de la Fondation GoodPlanet ou du programme Eco-Ecole.
Chaque élève écrit 3 mots pour définir chaque image en lien avec un thème.
Lors de la synthèse, commencer par compléter un tableau comme celui-ci :

Thème	Les mots de la classe	Et dans notre école ?
Biodiversité		
Changement climatique		
Alimentation		
Santé		
Solidarité		
Énergie		
Égalité fille-garçon		
Déplacements		
Pollution		
Paix et justice		

À partir des mots des élèves, transférer le débat au niveau local : et dans notre école ? Questionner les élèves : quels sont les points que l'on souhaite améliorer dans notre établissement ? Quelles actions pourrait-on réaliser ? Avec qui pourrait-on travailler ? Quels sont nos partenaires ?

À la fin du débat, présenter les missions d'un.e éco-délégué.e :
- **Sensibiliser** leurs camarades de classe et celles et ceux des autres classes en les informant des projets auxquel.le.s ils peuvent s'associer.
- Être force de propositions pour **susciter des idées et interroger** leurs camarades sur les actions à mettre en place en lien avec l'école, le quartier ou la commune selon les 17 objectifs de développement durable, les faire vivre et en effectuer un bilan régulier. Ils partagent ensuite ces idées.
- Encourager la **coopération** pour mener ensemble des actions.
- **Participer aux instances** (comités de pilotage, groupes de travail réguliers, conseils d'école, rencontres avec des éco-délégué.e.s de collège, etc.), aux réunions avec l'aide des enseignant.e.s, des élu.e.s, des personnels de mairie (cantine, jardin, etc.) et des parents d'élèves.

Préparer les élections en demandant aux éco-délégué.e.s d'écrire leurs propositions et arguments.

Voici quelques exemples d'actions menées par des éco-délégué.e.s :

Réaliser un rallye du développement durable

Dans le cadre de la liaison école/collège, de rencontre entre différentes classes ou différentes écoles, les élèves organisent un rallye du développement durable. Chaque classe organise des stands, des ateliers à partir de ce qu'ils ont appris dans l'année en EDD.

Quelques exemples de stands mis en place :
- Jouer aux cartes… par exemple, retrouver le cycle de vie d'un animal (une huitre, une

seiche…) ou un jeu des sept familles.

- Observer et décrire une photo puis retrouver la saison.
- Dessin d'observation d'une plante, d'une fleur ou d'un animal (loupe).
- Créer l'aquarelle d'un paysage.
- Dessiner l'autre moitié d'un animal, d'une feuille, d'une fleur.
- Retrouver le nom d'un insecte à partir d'une clé de détermination.
- Légender un dessin d'un animal : tête, thorax, abdomen…
- Chercher les intrus, par exemple, les animaux ou les plantes de la dune.
- Retrouver le nom d'un oiseau à partir d'une plume.
- Associer une fleur à sa plante ou une graine à sa plante.
- Jouer à des jeux électriques, par exemple, des questions et réponses avec un signal lumineux.
- Faire des expériences de filtration, décantation, d'écoulement.
- Jouer à des jeux sensoriels : décrire et retrouver le nom « d'objet » dans un sac opaque.
- Faire un vrai/faux à partir de questions sur un milieu, un animal…
- Décrire un paysage et faire un croquis.
- Fabriquer un aspirateur à insectes à partir d'un modèle.
- Remonter un moulin à vent, un bateau, une éolienne.
- Faire des nœuds de marin.
- Retrouver et classer des gestes écoresponsables.

2. Enregistrer un podcast C1 C2 C3

Le numérique permet également de faire participer les élèves à des projets collaboratifs tels que réaliser des podcasts. C'est-à-dire des émissions préenregistrées en audio et ensuite diffusées. Ce type de média est idéal pour donner aux élèves le gout d'informer, de s'exprimer et d'échanger. En amont, les élèves doivent travailler leurs sujets, rédiger des textes et apprendre le vocabulaire et les expressions liés au style journalistique radiodiffusé. Le numérique permet trois choses indispensables : l'enregistrement et le montage sur un support numérique et la diffusion du média sur un réseau ou un ENT (environnement de travail numérique). Il y a donc une finalité qu'il faut présenter aux élèves de manière explicite afin qu'ils/elles s'engagent pleinement dans ce projet. À l'autre bout de la chaine numérique, il y aura les auditeurs et les auditrices (parents, autres élèves…) ce qui valorise le contenu produit.[3]

Pour aider et accompagner les éco-délégué.e.s :

- Pour vous accompagner dans cette mise en œuvre, vous pouvez consulter Le Guide du professeur : https://eduscol.education.fr/document/33464/download?attachment
- Sur le site du programme Eco-Ecole, vous trouverez des ressources et des activités : https://www.eco-ecole.org/

3 D'après *333 idées pour faire classe avec le numérique*, Aurélie Moriceau et Willy Vauvelle, Éditions Nathan.

3. Participer à l'opération « Le Parlement des enfants » (pour les élèves de CM2)

Le Parlement des enfants est une opération organisée par l'Assemblée nationale avec le ministère de l'Éducation nationale, de la Jeunesse et des Sports, l'Agence pour l'enseignement français à l'étranger (AEFE) et la Mission laïque française (MLF). Les élèves de CM2 rédigent, sous la conduite de leurs enseignant.e.s qui les accompagnent dans cette réflexion, une **proposition de loi**, au terme d'une discussion qui doit leur apprendre ce qu'est le débat démocratique.

Chaque année, depuis 1995, un seul thème est retenu :

2020- 2021 : « L'alimentation durable et équilibrée ».

2019-2020 : « Renforcer l'égalité entre les femmes et les hommes dans le sport ».

2018- 2019 : « Du bon usage du numérique ».

2017-2018 : « La protection de la biodiversité ».

2016- 2017 : « Les enjeux du changement climatique pour notre société ».

Parfois, les propositions de loi des enfants sont reprises et votées par les parlementaires et deviennent alors des lois de la République. Ainsi, les dispositions de la proposition de loi de la 12e édition visant à **lutter contre la pollution due aux sacs plastiques en rendant obligatoire l'utilisation de sacs uniquement biodégradables** ont été reprises dans l'article 47 de la loi n° 2006-11 du 5 janvier 2006 d'orientation agricole.

Sur le site du « Parlement des enfants », vous trouvez des supports pédagogiques avec notamment un kit qui explique le fonctionnement de l'Assemblée nationale et le rôle des députés :

https://www.parlementdesenfants.fr/

ODD 17
Partenariats pour la réalisation d'objectifs

L'école peut beaucoup mais elle ne peut pas tout toute seule… Elle a aussi besoin de partenaires.

17 PARTENARIATS POUR LA RÉALISATION DES OBJECTIFS

L'objectif 17 est de renforcer les moyens de mettre en œuvre le Partenariat mondial pour le développement et le revitaliser.

D'après l'Organisation des Nations unies : https://unric.org/fr/odd-17/

Commencer par lister les partenaires naturels de votre école : **les parents d'élèves, les élu.e.s, les chargé.e.s de mission au développement durable, les agent.e.s techniques et les associations locales, les fermes pédagogiques...** puis chercher les partenaires départementaux ou régionaux engagés dans l'EDD.
La liste suivante est issue du site Eduscol et du retour d'enseignant.e.s engagé.e.s dans des projets d'éducation au développement durable, notamment les collègues qui travaillent avec un référent ou une référente scientifique sur une aire éducative (AME ou ATE).

L'**Agence de l'environnement et de la maitrise de l'énergie (ADEME)** propose aux acteurs de l'éducation des formations et des **ressources** sur le développement durable.[1]
▸ https://www.ademe.fr/acteur-de-l-education/

Le **Conseil d'architecture, d'urbanisme et de l'environnement (CAUE)** est un organisme qui peut vous accompagner, en lien avec les élu.e.s, dans vos projets d'aménagement de la cour ou des bâtiments de l'école. Pour en savoir plus, contacter le CAUE de votre département.
▸ https://www.fncaue.com/quest-ce-qu-un-caue/

Le **Comité Français pour la Solidarité Internationale (CFSI)** est une association reconnue d'utilité publique qui rassemble 23 organisations membres. Depuis sa création en 1960, il sensibilise et mobilise l'opinion publique pour la défense du **droit à l'alimentation et la lutte contre les inégalités** (voir l'ODD 2 et l'ODD 10).
▸ https://www.cfsi.asso.fr/

Le **Centre permanent d'initiative pour l'environnement (CPIE)** est un réseau d'associations qui vise à accompagner les territoires vers le développement durable, à sensibiliser et à éduquer tous les publics à l'environnement. 80 associations sont labellisées « centres permanents d'initiatives pour l'environnement » ancrées sur leurs territoires pour agir en faveur du développement durable.
▸ https://www.cpie.fr/

La **Fédération des délégués départementaux de l'Éducation nationale (DDEN)** organise depuis plus de 40 ans l'opération **Écoles Fleuries** : un projet éducatif d'apprentissage au jardinage, au fleurissement et à la citoyenneté.
▸ http://www.dden-fed.org/missions-dden/les-ecoles-fleuries/

France Nature Environnement est la Fédération française des associations de protection de la nature et de l'environnement. Porte-parole d'un mouvement de 9 087 associations, regroupées au sein de 46 organisations adhérentes, présentes sur tout le territoire français, en métropole et Outre-mer, le site possède une rubrique éducation à l'environnement.
▸ https://fne.asso.fr/education-a-l-environnement

FRENE (anciennement Réseau École et Nature) est né en 1983 afin de se mettre au service de de celles et ceux qui agissent en faveur d'une éducation à l'environnement.
▸ https://frene.org/

1 Ressources gratuites disponibles : https://librairie.ademe.fr/

La **Délégation académique aux arts et à la culture (DAAC)** vous accompagne dans vos projets artistiques et culturels. Vous pouvez contacter les conseiller.ère.s pédagogiques départementaux.ales en éducation artistique et culturel (CPD EAC).

La **Fondation GoodPlanet** est le prolongement du travail artistique et de l'engagement pour l'environnement de **Yann Arthus-Bertrand**. Vous pouvez, entre autres, trouver sur son site les posters liés aux 17 ODD avec des pistes éducatives associées.
▸ https://www.goodplanet.org/fr/

La **gendarmerie** et la **police** peuvent vous accompagner pour le **permis piéton,** le **permis cycliste enfant** ou le **permis internet**. Ils peuvent notamment intervenir en classe avec des kits pédagogiques.

Le réseau des **Grands Sites de France** réunit de nombreux sites naturels. Vous pouvez contacter le Grand Site proche de votre école notamment dans l'accompagnement de vos projets, comme les aires éducatives.
▸ https://grandsitedefrance.com/

La **Fondation La main à la pâte (Lamap)** met à disposition des enseignant.e.s du cycle 1 au cycle 4 des ressources pour la classe, ainsi que des aides variées pour mener des activités et des projets de sciences et de technologie à l'école. Concernant le développement durable, les ressources sont réparties en 6 parties :
- Consommation, déchets, pollution
- Biodiversité
- Météo, saisons et climat
- Écomobilité
- Écohabitat
- Énergie

▸ https://fondation-lamap.org/preparez-votre-classe/themes-scientifiques-premier-degre/developpement-durable

Les **Petits Débrouillards** est une association qui propose des animations scientifiques avec des expériences en classe mais aussi des outils.
▸ http://www.lespetitsdebrouillards.org/index.php

La **Ligue pour la protection des oiseaux (LPO)** est une association qui agit ou favorise les actions en faveur de la nature et de la biodiversité. S'appuyant sur un réseau d'associations locales actives dans plus de **80 départements**, la LPO propose des projets innovants et collaboratifs, pour la connaissance et la protection des espèces, la préservation des espaces naturels et pour la sensibilisation et la mobilisation des publics.
▸ https://www.lpo.fr/

L'**Observatoire des saisons** est un programme de sciences participatives qui permet aux élèves de contribuer à la recherche scientifique sur le changement climatique. Selon un **protocole** établi par des chercheur.euse.s et des médiateur.rice.s scientifiques, ne demandant ni connaissances préalables, ni matériel spécifique, vous pouvez apporter votre contribution à ce programme (voir l'ODD 15).
▸ https://www.obs-saisons.fr/

L'**Office Central de la Coopération à l'École (OCCE)** est un mouvement pédagogique national, de statut associatif, qui développe au sein des écoles les valeurs de la coopération. Souvent connu pour la gestion des coopératives scolaires, l'OCCE participe aussi à la formation et à l'accompagnement de vos projets coopératifs liés notamment à l'environnement. Des enseignant.e.s détaché.e.s auprès de l'OCCE sont également à votre service.
▸ http://www2.occe.coop/

L'**Office pour les insectes et leur environnement (OPIE)** est une association nationale de protection de la nature et d'éducation à l'environnement spécialisée sur les insectes.
▸ https://www.insectes.org/

Océanopolis à Brest propose un programme éducatif pour l'école maternelle et élémentaire (voir l'ODD 14).
▸ https://www.oceanopolis.com/enseignants

L'**Office français de la biodiversité (OFB)** est un établissement public dédié à la protection et la restauration de la biodiversité en métropole et dans les Outre-mer, sous la tutelle des ministères de la Transition écologique et de l'Agriculture et de l'Alimentation. L'OFB gère notamment les AME et ATE (voir l'ODD 14 et l'ODD 15).
▸ https://www.ofb.gouv.fr/

L'**Office national des forêts (ONF)** gère les forêts publiques et anime également des visites scolaires.
▸ https://www.onf.fr/

L'**Organisation des Nations unies (ONU)** a une influence considérable sur les politiques mondiales en EDD. L'ONU est à l'origine des 17 objectifs de développement durable (**17 ODD**). Vous trouverez sur son site dédié de nombreuses ressources pour comprendre ces 17 ODD.
▸ https://unric.org/fr/developpement-durable/

Les parcs naturels régionaux de France (PNR) peuvent vous accompagner dans vos projets notamment comme référent scientifique pour les AME (voir l'ODD 14) ou ATE (voir l'ODD 15).
▸ https://www.parcs-naturels-regionaux.fr/

Les réserves naturelles de France ont 3 grandes missions : **protéger** les milieux naturels ainsi que les espèces animales et végétales, **gérer** les sites et **sensibiliser** les publics.
▸ https://www.reserves-naturelles.org/

Surfrider Foundation Europe développe des programmes d'éducation au développement durable pour lutter contre les atteintes à l'environnement littoral et à ses usagers. Des animateurs et animatrices Surfrider peuvent vous accompagner dans vos projets (voir l'ODD 14).
▸ https://surfrider.eu/nos-missions/education-sensibilisation/

La **Fondation Tara Océan** est consacrée à l'océan. Elle sensibilise et éduque les jeunes générations et le grand public à la préservation de l'océan. Vous pouvez suivre l'expédition du bateau Tara, accéder aux ressources et participer aux formations. La **malle aux escales** de Tara propose de nombreuses fiches adaptées aux élèves de cycles 3 et 4 (voir l'ODD 14).
▸ https://echosdescale.fondationtaraocean.org/

L'association **Teragir** a lancé le programme **Eco-Ecole** en 2005. Ce programme vise à aider les élèves à mieux comprendre le monde qui les entoure pour s'y épanouir et y participer. Il repose sur **la mobilisation de l'ensemble des acteurs d'un établissement scolaire** (élèves, enseignants, direction, personnels administratifs et techniques, etc.) mais également **du territoire** (collectivités, associations, parents d'élèves, etc.).

L'**UNICEF** participe à l'**éducation aux droits de l'enfant** en proposant des ressources pédagogiques, des programmes éducatifs et solidaires, des interventions bénévoles en classe (voir l'ODD 1, l'ODD 2, l'ODD 4, l'ODD 8 et l'ODD 10).
▸ https://www.unicef.fr/dossier/education-aux-droits-de-lenfant

L'**Union sportive de l'enseignement du premier degré (Usep)** organise des activités sportives pour les enfants de l'école publique, de la maternelle à l'élémentaire, en appui de l'éducation physique et sportive (EPS) dispensée par les professeur.e.s des écoles. Des animateurs et animatrices Usep sont à votre service pour vous accompagner dans vos projets (voir l'ODD 3, l'ODD 5, l'ODD 14 et l'ODD 15). Le site de l'Usep propose également des ressources pédagogiques comme « Les clés Usep d'une éducation au développement durable ».
▸ https://usep.org/index.php/2019/10/03/les-cles-usep-dune-education-au-developpement-durable/

Conclusion

À qui appartient la Terre ?

Les 24 heures d'une semaine scolaire passent vite et le programme est chargé. Il n'est donc pas question d'ajouter de l'EDD mais plutôt d'enseigner les différentes matières à partir de projets, de questions, d'activités, de supports, de thèmes et de situations d'apprentissage qui font appel à l'**engagement** des élèves. À partir de problèmes authentiques, proches de l'école et de l'élève, la classe cherche ainsi des solutions par investigations scientifiques ou technologiques, des débats, des enquêtes, des concours, des créations artistiques... **Le plaisir de faire ensemble**, de débattre et de partager ses émotions reste sans doute le meilleur remède à l'éco-anxiété pour que les enfants se souviennent de l'école comme d'un lieu unique et valorisant.

> **« Et si la liberté consistait à posséder le temps ? Et si le bonheur revenait à disposer de solitude, d'espace et de silence – toutes choses dont manqueront les générations futures ? Tant qu'il y aura des cabanes au fond des bois, rien ne sera tout à fait perdu. »**
>
> Sylvain Tesson
> *Dans les forêts de Sibérie*, Gallimard

Cet ouvrage apporte **une meilleure connaissance des 17 objectifs de développement durable (ODD)** et montre que l'éducation au développement durable (EDD) n'est pas seulement une éducation à l'environnement. C'est aussi une éducation à la solidarité, à l'entraide, aux médias, à la santé, aux arts, à la citoyenneté, à l'égalité filles-garçons...

Les 17 objectifs définis par l'ONU sont internationaux mais l'EDD se place au **niveau local**, à l'échelle du territoire de l'élève, de son quotidien et de son environnement (cour, parc, jardin, haie, dune, rivière, forêt, friche, mare, lac, montagne, prairie...). **C'est bien dans votre école que les 333 idées de cet ouvrage deviendront réalité...**

Annexes

Bibliographie et sitographie

Augagneur Floran, Capitani Jean-Paul, Chancel Philippe, Larrère Catherine, Nyssen Françoise, Rakovitch Jean, L'école écologique, *Diversité* n° 198, Réseau Canopé, mai-aout 2020.

Authier David, *50 activités pour appréhender la nature qui nous entoure*, cycles 2 et 3, Canopé, CRDP d'Orléans-Tours.

Capéran Patrick, Uréna Laurette, *50 activités pour une éducation au développement durable aux cycles 1 et 2*, Canopé, CRDP de Toulouse.

Colcanap Peggy, Zakhartchouk Jean-Michel (coordonné par), Urgence écologique : un défi pour l'école, *Cahiers pédagogiques* n° 50.

Delsouc Michel, *50 activités pour découvrir les milieux naturels et humains*, cycle 3, Canopé, CRDP de Toulouse.

De Vecchi Gérard, *Aider les élèves à apprendre*, Hachette Éducation.

Ferjou Crystèle avec Fauchier-Delavigne Moïna, *Emmenez les enfants dehors ! Comment la nature participe au développement de l'enfant*, Robert Laffont.

Gibert Anne-Françoise (2021). L'établissement, la bonne échelle pour l'éducation au développement durable ?. *EduBref*, janvier. Lyon : ENS de Lyon : https://veille-et-analyses.ens-lyon.fr/Edubref/detailsEdubref.php?parent=accueil&edubref=10

Giordan André, De Vecchi Gérard, *L'enseignement scientifique. Comment faire pour que ça marche ?*, Z'éditions.

Lagraula Dominique, *Sciences à vivre*, cycle 1, ACCÈS Éditions.

Lagraula Dominique, *Sciences à vivre*, cycle 2, ACCÈS Éditions.

Lagraula Dominique, Sanchez Jean-Claude, *Sciences à vivre*, cycle 3, ACCÈS Éditions.

Lecointre Guillaume (dir.), Francois Cariou, Gérard Guillot, Marie Laure Le Louarn Bonnet, Claude Lebas, Éric Nicol, *Comprendre et enseigner la classification du vivant*, Belin Éducation.

Leleu-Galland Ève, Meylan Sandrine, *Dictionnaire de l'éducation au développement durable*, Nathan.

Leroux Xavier, Malczyk Bernard, Janson André, *Géographie à vivre*, CM1 et CM2, ACCÈS Éditions.

Le Van Gong Angélique, Haller Céline, Bourdenet Karine, *Ecocitoyens durables!* Guide pédagogique et cahier d'activités, Istra.

Lipman Matthew, *À l'école de la pensée: Enseigner une pensée holistique*, De Boeck.

Lory Lafosse Elisabeth, *Mettre en place un jardin pédagogique aux cycles 2 et 3*, Hachette Éducation.

Mégrier Dominique, *Ateliers d'écriture à l'école élémentaire*, Éditions Retz.

Meirieu Philippe, *Apprendre… oui, mais comment?*, ESF Éditeur.

Orange Christian, *Enseigner les sciences: problèmes, débats et savoirs scientifiques en classe*, De Boeck.

Ortala Pierre (dir.), *50 activités autour du jardin à l'école*, Canopé, CRDP de Toulouse.

Quesney Laurine, Wilgenbus David, *En marchant, en roulant, en naviguant… je suis «écomobile»*, Le Pommier.

Venard Béatrice, *Devenir écocitoyen - Neuf projets pour le cycle 3*, Réseau Canopé.

ADEME: https://www.ademe.fr/

Aménagement d'une cour d'école primaire, ministère de l'Éducation, de l'Enseignement supérieur du Québec:
http://www.education.gouv.qc.ca/etablissements-scolaires-publics-et-prives/amenagement-dune-cour-decole-primaire/

Archiclasse: https://archiclasse.education.fr/

Billes de sciences: https://www.youtube.com/c/Billesdesciences/playlists

CLEMI (Centre pour L'éducation aux médias et à l'information):
https://www.clemi.fr/

De nombreux **sites académiques** ou départementaux comme:
https://edd.ac-rennes.fr/ ou https://edd.ac-versailles.fr/

Dossier pédagogique pour exploiter les posters ODD de la **Fondation GoodPlanet**:
http://www.ledeveloppementdurable.fr/odd/docs/kit_pedaogique_posters_ODD.pdf

Eco-Ecole: https://www.eco-ecole.org/

EduBref (Ifé) présente quelques repères historiques et conceptuels de l'éducation au développement durable (EDD): https://veille-et-analyses.ens-lyon.fr/Edubref/detailsEdubref.php?parent=accueil&edubref=10

Eduthèque propose de nombreuses ressources:
https://www.edutheque.fr/actualite/article/le-developpement-durable-dans-les-enseignements.html

Fondation **La main à la pâte**: https://fondation-lamap.org/preparez-votre-classe/themes-scientifiques-premier-degre/developpement-durable

Fondation Tara Océan: https://echosdescale.fondationtaraocean.org/la-malle-pedagogique/

FRENE, le Réseau français d'éducation à la nature et à l'environnement: https://frene.org/

L'école face au défi de l'enseignement des enjeux climatiques et de la biodiversité **Glossaire à l'usage des équipes éducatives et des éco-délégués**, Conseil scientifique de l'Éducation nationale: https://www.reseau-canope.fr/fileadmin/user_upload/Projets/conseil_scientifique_education_nationale/Glossaire_climat_CSEN_Mars2022_web.pdf

Jardinons à l'école: https://www.jardinons-alecole.org/

L'école face au défi de l'enseignement des enjeux climatiques et de la biodiversité:

Le Guide buissonnier, ministère de l'Éducation nationale, de la Jeunesse et des Sports: https://eduscol.education.fr/document/9842/download?attachment

Lumni: https://cache.media.education.gouv.fr/file/education_EDD/61/9/ressources_LUMNI_EDD_1270619.pdf

Méteo France Éducation en partenariat avec le ministère de l'Éducation nationale: http://education.meteofrance.fr/

mtaterre: https://www.mtaterre.fr/

Ressources sur le changement climatique, l'énergie, l'environnement, le logement et les transports: https://www.statistiques.developpement-durable.gouv.fr/

Office for Climate Education (OCE): https://www.oce.global/fr/ressources

Office pour les insectes et leur environnement (OPIE): https://www.insectes.org/

Passerelles: http://www.passerelles.info/

François Galichet, ***Pratiquer la philosophie à l'école: 15 débats pour les enfants du cycle 3 au collège***, accessible gratuitement: https://philogalichet.fr/telechargez-gratuitement-pratiquer-la-philosophie-a-lecole/

Vie, vivant et biodiversité (revue n° 18), ***RDST*** (Recherches en didactique des sciences et technologies): https://journals.openedition.org/rdst/

REEB (Réseau d'Éducation à l'Environnement en Bretagne): http://www.reeb.asso.fr/

Spindrift for School: https://spindriftforschools.com/ressources-pedagogiques

Réussir le développement d'un jardin éducatif: http://www.ariena.org/jardin/Media/jardin.pdf

Les clés **Usep** d'une éducation au développement durable: https://usep.org/index.php/2019/10/03/les-cles-usep-dune-education-au-developpement-durable/

Vadémécum EDD: https://cache.media.education.gouv.fr/file/Education_au_developpement_durable/66/5/Vademecum_EDD_1377665.pdf

Waterfamily: https://waterfamily.org/

Tableau synthétique des projets et activités de classe en lien avec les ODD

Les activités développées dans cet ouvrage sont surlignées dans le tableau ci-après :

ODD | **Projets et activités de classe**

1 PAS DE PAUVRETÉ

- S'engager pour éliminer la pauvreté avec des partenaires associatifs
- Faire évoluer notre regard sur les SDF à partir d'un album jeunesse
- Participer à la rentrée Solidaire avec Solidarité laïque (collecte de fournitures scolaires)
- Organiser une collecte de livres, donner ce que l'on n'utilise pas

2 FAIM «ZÉRO»

- Participer aux actions de l'association « Action contre la faim » ou d'une Banque alimentaire : collecte de produits alimentaires
- Concevoir des menus équilibrés éventuellement avec un.e diététicien.ne
- « Manger, bouger pour ma santé » (site Passerelles.info)
- Comparer les ingrédients d'une pizza cuisinée à la maison avec une pizza industrielle.
- Participer à la semaine du gout
- Manger du « Nuletta »... est-ce que c'est bon ?
- Construire un calendrier des fruits et légumes de saison
- Participer à l'opération « bol de riz »
- Comparer des marchés alimentaires dans le monde (voir la séquence CE1 Eduscol)
- Visiter une ferme écoresponsable (agriculture durable)
- Réduire le gaspillage à la cantine

3 BONNE SANTÉ ET BIEN-ÊTRE

- Définir la santé par le photo-langage
- Apprendre à vivre avec le soleil (guide sur le site Passerelles.info *Vivre avec le soleil*)
- Apprendre à porter secours (dispositif APS)
- Créer une cogni'classe (importance du sommeil/neurosciences https://sciences-cognitives.fr/)
- Mettre en place 30 minutes d'activité physique quotidienne (APQ)
- S'engager dans des projets d'EPS avec l'Usep, l'Ugsel ou d'autres associations
- S'inscrire aux « défis récré » : https://usep.org/index.php/2018/01/20/la-boite-a-defis-recre/
- Courir avec le parcours du bonhomme
- Organiser un parcours du cœur solidaire avec la Fédération française de cardiologie
- Aérer la classe
- Mieux comprendre les virus et les vaccins à partir des ressources du site e-Bug
- Améliorer le climat scolaire à partir des compétences psychosociales
- Apprendre à gérer ses émotions... pour éviter l'éco-anxiété
- S'engager dans le programme pHARe pour lutter contre le harcèlement à l'école.
- Encourager les déplacements à pied ou à vélo (voir le guide La Fondation La main à la pâte *Je suis écomobile*)

4 ÉDUCATION DE QUALITÉ

- Un débat philosophique pour s'interroger : Qu'est-ce qu'être normal.e ?
- Développer l'inclusion scolaire
- Apprendre à respecter autrui avec les vidéos du réseau Canopé « les fondamentaux » en EMC
- Exploitation du film documentaire « Sur le Chemin de l'école » de Pascal Plisson
- Participer à la semaine olympique et paralympique (SOP)

ODD | **Projets et activités de classe**

5 ÉGALITÉ ENTRE LES SEXES

- Aménager la cour de l'école avec les élèves
- Éducation à la sexualité
- Analyser des images stéréotypées
- À partir d'une sélection d'albums de littérature de jeunesse
- Participer au concours « zéro cliché égalité Filles-Garçons »
- Lutter contre le harcèlement sexuel (programmes pHARe)
- Créer une chorale, une chorégraphie… pour partager des émotions

---

6 EAU PROPRE ET ASSAINISSEMENT

- Imaginer et écrire avec l'atelier d'écriture poétique
- Des expériences pour nettoyer l'eau sale - Fabriquer une petite station d'épuration
- Visiter une station d'épuration puis nettoyer de l'eau sale
- Chercher d'où vient l'eau du robinet
- Installer un récupérateur d'eau et lancer un défi pour réduire la consommation d'eau à l'école
- Les pollutions de l'eau… attention aux plastiques à partir du site de la Fondation Tara Océan
- Installer une mare pédagogique à l'école
- Étude d'un ruisseau ou d'une rivière (qualité de l'eau et biodiversité)
- Construire une maquette pour comprendre le ruissellement de l'eau et la notion de bassin-versant (de la source à la mer)
- Les inondations et le PPMS (plan particulier de mise en sûreté), mieux comprendre les risques et se préparer
- Participer au concours d'affiche « Il y a de la vie dans l'eau ! Aujourd'hui et demain »
- Participer au dispositif « Ici commence la mer. Ne rien jetez »

---

7 ÉNERGIE PROPRE ET D'UN COÛT ABORDABLE

- Défi technologique : fabriquer une éolienne ou un moulin à vent
- Un défi Énergie pour réduire la consommation de gaz, électricité ou fuel à l'école
- Participer au concours Ecoloustics dans son département
- Comparer des modes de transport dans le monde
- S'engager dans le programme Savoir rouler à vélo
- Organiser une sortie à vélo
- Installer un parking pour les vélos à l'école pour encourager les déplacements doux
- Comment me déplacer pour venir à l'école ? Changer ses habitudes… marcher et rouler !
- Visiter un centre de méthanisation qui produit du biogaz
- Mesurer la température dans des boites en variant les matériaux isolants
- Fabriquer un four solaire
- Apprendre à lire les étiquettes « Énergie » sur les appareils électriques (Échelle de A à G)

---

8 TRAVAIL DÉCENT ET CROISSANCE ÉCONOMIQUE

- S'interroger sur l'origine de ce que l'on achète à partir d'un exemple : les marchés dans le monde
- Visiter une usine écoresponsable
- Apprendre à réparer

ODD	Projets et activités de classe
9 Industrie, innovation et infrastructure	• Végétaliser la cour d'école • Visiter une ferme aquaponie puis concevoir ou comprendre un système d'aquaponie en classe • Fabriquer un lombricomposteur • Participer avec les éco-délégué.e.s et les partenaires à un nouvel aménagement de l'école
10 Inégalités réduites	• Comparer des modes de vie d'écoliers et d'écolières dans différentes régions du monde • Dons de manuels scolaires en partenariat avec une association • Créer un jeu de cartes défi littéraire à partir d'un recueil d'albums jeunesse • Participer aux actions de solidarités avec les associations solidaires • Créer une chorale avec un recueil de chants du monde et réseaux littéraires • Le travail des enfants dans le monde à partir des vidéos Lumni • Organiser un spectacle pour les plus démunis • Un débat philosophique autour de la question : Est-ce que tout le monde est pareil ?
11 Villes et communautés durables	• Enseigner dehors en ville • Créer une exposition sur le thème de la ville • Mesurer mon impact transport avec le site https://monimpacttransport.fr/ • Le permis piéton et le permis vélo : la sécurité sur la route • Mettre en place un pédibus • Visiter et mettre en place des ruches en ville • S'engager dans un programme de sciences participatives pour compter des animaux comme par exemple des oiseaux (LPO, Vigie-Nature École…) • Végétaliser des abris de bus, planter des arbres, des haies… • Installer des nichoirs, des hôtels à insectes • Débattre en classe sur la pollution de l'air et ses conséquences sur la santé • Partir en expédition à bord du bateau Tara
12 Consommation et production responsables	• Utiliser le simulateur de l'ADEME pour savoir quoi faire d'un déchet : https://datagir.ademe.fr/apps/que-faire-de-mes-dechets/) • Participer à la marche verte • Pique-nique « 0 déchet » lors des sorties • Construire un calendrier des fruits et légumes de saison • Chercher d'où viennent les fruits et les légumes • Visiter une ferme écoresponsable • Trier des déchets à l'école, encourager les éco-gestes • Visiter un centre de tri des déchets et une recyclerie • Récupération des bouchons, des piles… • Créer, installer, utiliser et comprendre le fonctionnement d'un composteur à l'école (guide de l'enseignant « Réduire mes déchets, nourrir la terre » sur le site Passerelles.info) • Fabriquer du savon ou des produits d'entretien • Acheter du matériel scolaire écoresponsable • Quels vêtements acheter ? D'où viennent-ils ? Avec quels matériaux ? (guide de l'ADEME *Le revers de mon look*) • Fabriquer et mettre en place une grainothèque

ODD | **Projets et activités de classe**

- Concevoir et mettre en place un gachimètre à la cantine
- Participer à la semaine européenne de réduction des déchets (SERD)
- Créer une salle de troc à l'école (livres, vêtements, matériels...) avec l'association des parents d'élèves ou un partenaire
- Imaginer et créer avec des déchets
- Récupérer des journaux pour créer à partir de la technique du papier mâché et papier encollé
- Installer un poulailler à l'école.
- Apprendre à lire les étiquettes Eco-Score de A à E des produits alimentaires

---

13 MESURES RELATIVES À LA LUTTE CONTRE LES CHANGEMENTS CLIMATIQUES

- Observer les changements climatiques
- Concevoir et mettre en place une station météo
- Comprendre la montée des eaux par une expérience sur la fonte des glaces
- Fabriquer une serre
- Modéliser l'effet de serre
- Aléas climatiques et catastrophes naturelles liées au climat
- Aménager une cour d'école pour les périodes de canicules (cours Oasis)
- Participer à la semaine du climat
- Apprendre à gérer ses émotions... pour éviter l'éco-anxiété
- Concevoir une exposition pour changer nos modes de vie

---

14 VIE AQUATIQUE

- S'engager dans le projet d'aire marine éducative (AME)
- Organiser un projet « classe de mer »
- Étude de la laisse de mer
- Observation des oiseaux
- Installer un aquarium dans la classe
- Étudier les métiers de la mer
- Visiter un port
- Écrire une histoire sur le thème de l'environnement marin
- Partir en expédition virtuelle avec le bateau Tara Océan et les « Échos d'escale »
- Géométrie et arts visuels sur la plage ou dans la cour (méso espace)
- S'inscrire à un concours : embarquement immédiat, arts en plastiques pour l'océan

---

15 VIE TERRESTRE

- Mettre en place un jardin à l'école
- S'engager dans le projet d'aire terrestre éducative (ATE)
- Étudier des fossiles pour comprendre l'histoire de la vie sur terre et son évolution.
- Classer des animaux
- Faire classe dehors (École dehors)
- Créer des liens avec les arts (land art, les sons de la nature...)
- Créer, relancer ou faire évoluer les jardins d'école
- S'engager dans un programme de sciences participatives
- Créer un carré pour la biodiversité
- Fabriquer un appareil de Berlèse pour prendre conscience de la biodiversité du sous-sol
- Participer à l'opération « plante ton slip »
- Construire une serre pour les plantations
- Mettre en réseau des ouvrages littéraires sur un thème comme la forêt, le loup, l'arbre, le vert...

ODD

Projets et activités de classe

- Fabriquer des nichoirs et des mangeoires à oiseaux
- Installer des élevages en classe (ténébrion, phasmes…)
- Construire des hôtels à insectes
- Construire des refuges pour les hérissons
- Planter une haie pédagogique
- Étudier un écosystème : la forêt
- Monter un projet « Classe Nature » (classe de neige, classe verte, patrimoine…)
- Étudier des espèces envahissantes
- Participer à l'opération « Écoles fleuries »

---

16 PAIX, JUSTICE ET INSTITUTIONS EFFICACES

- Organiser des élections des éco-délégué.e.s dans votre école et participer au Prix de l'action éco-déléguée de l'année
- Mettre en place un conseil des élèves du développement durable à l'école
- Lutter contre le harcèlement à l'école : le permis internet
- Participer au parlement des enfants pour les élèves de CM2
- Créer des liens avec le conseil municipal des jeunes
- Réaliser un rallye du développement durable
- Créer un débat philosophique : à qui appartient la Terre ?
- Enregistrer un posdcast

Concours, journées et semaines EDD : un calendrier pour se repérer

Les pictogrammes renvoient au numéro et à la couleur de l'ODD en lien avec l'événement listé.

Septembre

- Inscription à l'opération « Écoles fleuries » 15
- Semaine européenne de recyclage des piles 12
- Semaine européenne de la mobilité 3 11
- Semaine européenne du développement durable 1 2 3 4 5 6 7 8 9 10 11 12 13 14 15 16 17
- Nettoyons la planète en un jour 16
- Journée internationale de sensibilisation aux pertes et gaspillages de nourriture 2
- Journée mondiale de la mer 14

Octobre

- Lancement du concours pour le prix de l'action éco-délégué.e 16
- Inscription au concours « Embarquement immédiat »
- Semaine du climat 13
- Semaine du gout 2
- Journée nationale de la qualité de l'air 3
- Fête de la Science 5 6 7 9 14 15
- Journée mondiale de l'alimentation 2
- La campagne ALIMENTERRE 2 12
- Journée mondiale du refus de la misère 1
- Journée mondiale des villes 11

Novembre

- Festival des solidarités 10
- Semaine européenne de réduction des déchets 12
- Journée mondiale des toilettes 3
- Journée internationale des droits des enfants 16

Décembre

- Journée mondiale des sols 15
- Journée mondiale de la laïcité 16
- Journée mondiale de la montagne 15
- Journée internationale de la solidarité humaine 17

Janvier

- Journée internationale de l'éducation 4

Journée mondiale des zones humides
2 février 2022
Agir pour les zones humides, c'est agir pour l'humanité et la nature

Février

- Journée mondiale des zones humides 6
- Journée mondiale contre le cancer 3
- Journée mondiale des légumineuses 2
- Journée mondiale des femmes et des filles de science 5

Mars

- Journée mondiale de la vie sauvage 15
- Journée des droits des femmes 5
- Semaine du jardinage pour les écoles 15
- Journée mondiale du recyclage 12
- Digital Cleanup Day 5
- Journée mondiale contre le racisme, l'antisémitisme et l'intolérance 10
- Journée mondiale des forêts 15
- Journée mondiale de l'eau 6
- Journée mondiale de la météorologie 13
- Quinzaine nationale du compostage de proximité 12
- Semaine de l'économie sociale et solidaire à l'école 8
- Concours 0 cliché 5

Concours zéro cliché
ÉGALITÉ FILLES - GARÇONS
CLEMI

Avril

- Journée mondiale de la santé 3
- Journée internationale de la Terre 1 2 3 4 5 6 7 8 9 10 11 12 13 14 15 16 17

Mai

- Mai à vélo 11
- Quinzaine du commerce équitable 12
- Journée mondiale des espèces menacées 14 15
- Journée mondiale de la liberté de la presse 16
- Journée mondiale des abeilles 15
- Journée mondiale de la biodiversité 14 15
- Fête de la nature 14 15

Juin

- Journée mondiale du vélo 11
- Journée mondiale de l'environnement 1 2 3 4 5 6 7 8 9 10 11 12 13 14 15 16 17
- Journée mondiale des océans 14
- Journée mondiale de lutte contre la désertification et la sécheresse 13

Crédits iconographiques

(Introduction) p. 9 : Wanderlust Photo/AdobeStock, © barrière-M@ths en-vie ; **(ODD 1)** p. 18 : © Peter Bauza, Eduarda, *une petite fille brésilienne du quartier pauvre de « Copacabana Palace » à Rio de Janeiro au Brésil* ; **(ODD 3)** p. 26 : asiap/AdobeStock, Brad Pict/AdobeStock, Farknot Architect/AdobeStock, Song about summer/AdobeStock, Artsiom P/AdobeStock, galitskaya/AdobeStock ; **(ODD 5)** p. 35 : Mirco Lazzari gp/Getty Images via AFP ; **(ODD 11)** p. 60 : © Tuca Vieira, *Le mur de séparation entre la favela Paraisópolis et le quartier huppé de Morumbi à São Paulo au Brésil*, 2004 ; **(ODD 13)** p. 69 : Bruce F.Molnia, USGC, William O. Field, USGC ; **(ODD 15)** p. 82 : © Museum national d'histoire naturelle, p. 84 : stockphoto mania/AdobeStock, serkucher/AdobeStock, Eric Isselée/AdobeStock, olhastock/AdobeStock, paulrommer/AdobeStock, Eric Isselée/AdobeStock, Cosmin Manci/AdobeStock, stockphoto mania/AdobeStock, Mamuka Gotsiridze/AdobeStock.
Visuels des 17 ODD : © Organisation des Nations Unies

Impression : Sepec-Numérique - janvier 2023 - N° d'impression : N06601221207
N° éditeur : 10290518
Dépôt légal : août 2022

PEFC 10-31-3532 / **Certifié PEFC** / Ce produit est issu de forêts gérées durablement et de sources contrôlées. / pefc-france.org